AQUARELLE

Titel der Originalausgabe: *Art Made Easy: Easy Watercolor*

www.librero-ibp.com

Ursprünglich 2022 herausgegeben von Walter Foster Publishing,
einem Imprint von The Quarto Group

Übersetzung aus dem Englischen:
Barbara Knesl, Graz
Redaktion und Satz der deutschen Ausgabe:
Print Company Verlagsges.m.b.H., Wien

Printed in China

ISBN: 978-94-6359-941-2

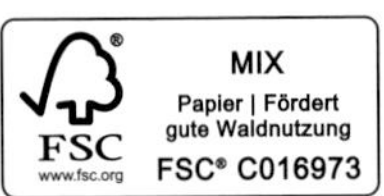

AQUARELLE

EINFACHE ANLEITUNGEN
ZUM LERNEN DER AQUARELLTECHNIKEN

KRISTIN VAN LEUVEN

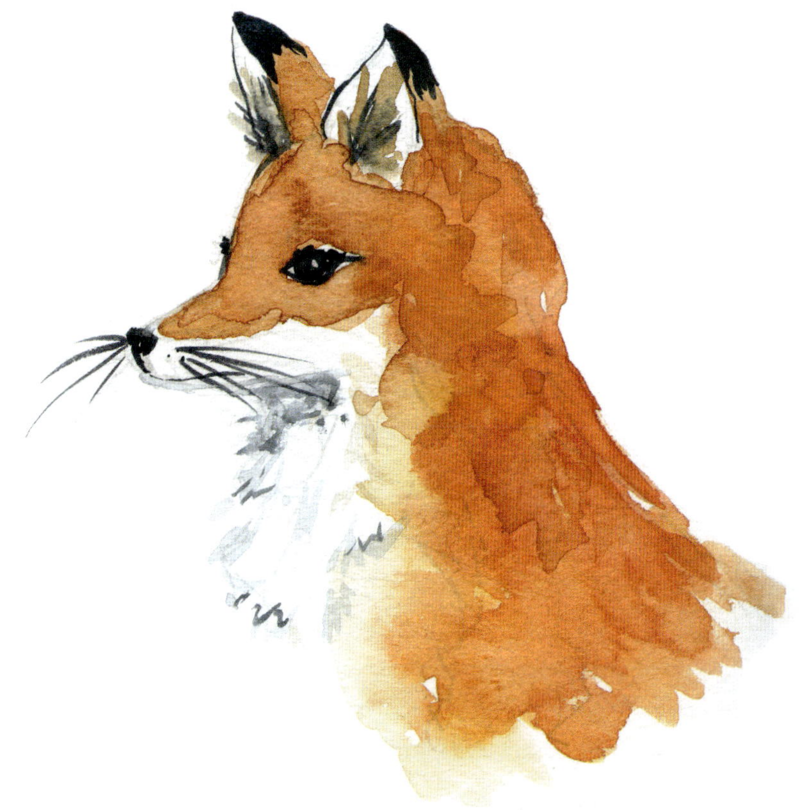

Librero

INHALT

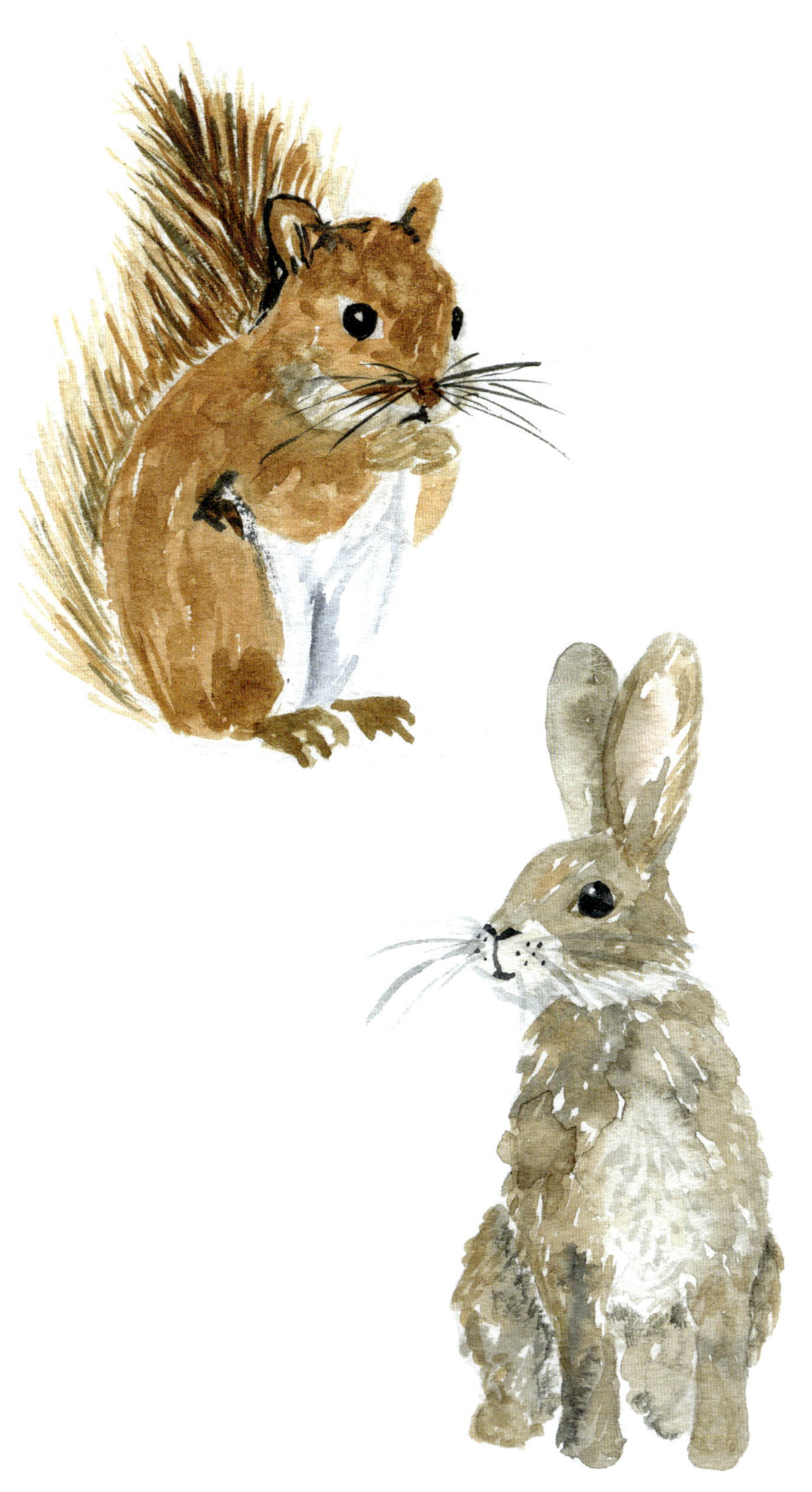

ERSTE SCHRITTE

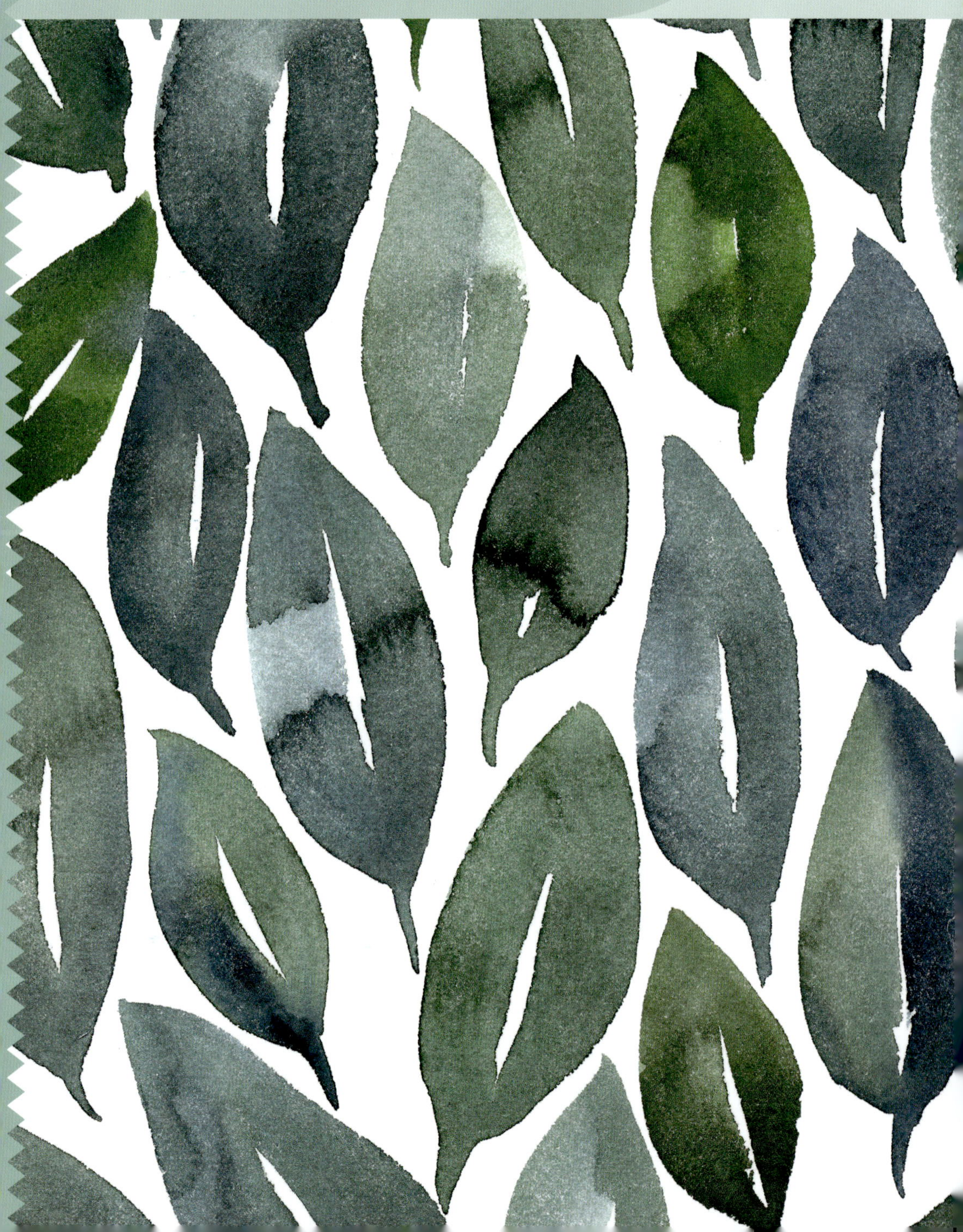

EINLEITUNG

Ob Sie sich nun als Künstler bezeichnen oder nicht, Sie sind einer – Kreativität wohnt jedem Menschen inne. Sie mag von Person zu Person unterschiedlich stark ausgeprägt sein, aber die Fähigkeit zum künstlerischen Ausdruck steckt in jedem von uns. Manchmal braucht sie nur einen kleinen Anstoß – und die Erlaubnis, sich zu entfalten.

Nichts ist perfekt, und Aquarellfarben spiegeln diese schöne Realität hervorragend wider. Ihre leichte und luftige Qualität unterscheidet sie auf einzigartige Weise von anderen Farben. Um dieses flüssige Medium perfekt zu beherrschen, bedarf es ein wenig Übung, Sie benötigen aber keine Vorkenntnisse. Wenn Sie einen Pinsel halten können, können Sie auch lernen, wunderschöne, moderne Aquarellbilder zu malen!

Hier finden Sie alle Infos über die wichtigsten Utensilien, Pinselstriche, Mal- und Farbmischtechniken für Anfänger und einfache Anleitungen, mit denen Sie alles Mögliche von Formen und Mustern bis hin zu Pflanzen und abstrakten Landschaften malen können. Mit nur wenigen Pinselstrichen können Sie im Nu das Wesentliche eines jeden Motivs einfangen.

Ob Sie das Aquarellmalen nun als Hobby betreiben, damit ins Kreativ-Business einsteigen oder sich einfach kreativ austoben wollen – hier erlernen Sie die notwendigen Grundlagen, mit denen Sie Ihre kreativen Fähigkeiten weiterentwickeln und Ihren inneren Künstler zum Leben erwecken können.

Schnappen Sie sich also Ihren Pinsel und lassen Sie uns beginnen!

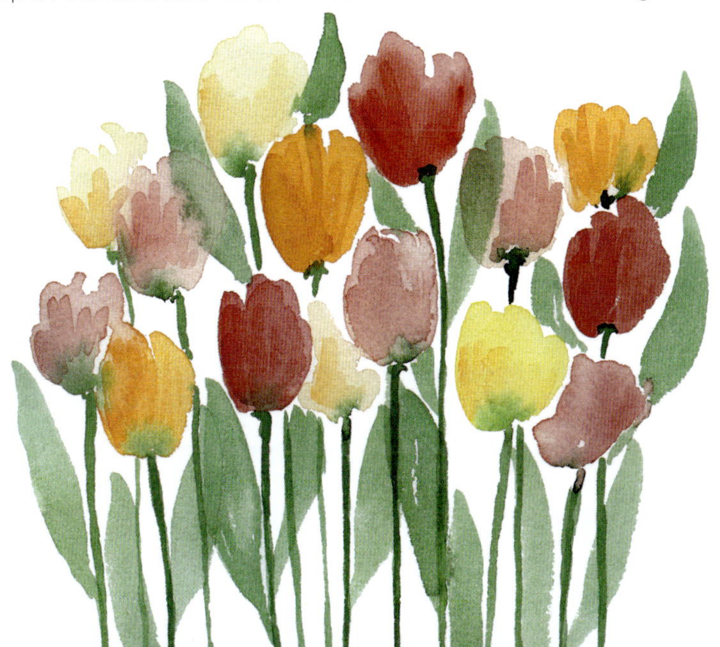

MATERIALIEN

Das Material ist von wesentlicher Bedeutung für das Gelingen Ihres Projekts. Je hochwertiger es ist, desto einfacher ist es, das gewünschte Malergebnis ohne Frustration zu erzielen. Die hier aufgelisteten Werkzeuge und Materialien werden Ihnen beim Eintauchen in die Aquarellmalerei behilflich sein.

PINSEL

Der ideale Pinsel nimmt das Wasser gut auf, hat eine feine Spitze, verteilt die Farbe leicht und nimmt nach dem Gebrauch wieder seine Form an.

Die Borsten von Aquarellpinseln können tierischen Ursprungs (in der Regel Zobel), synthetisch oder eine Mischung sein. Zobelhaar bietet die höchste Qualität, kann aber dementsprechend auch teuer sein. Synthetische Borsten sollen die Eigenschaften von Zobel nachahmen und eine erschwinglichere Alternative bieten. Ein Mischpinsel aus Zobel- und Synthetikhaaren bietet eine höhere Qualität als Synthetikhaare allein und ist zugleich erschwinglich.

Pinsel gibt es in verschiedenen Größen. Die niedrigeren Nummern (0, 2, 4 usw.) haben kleinere Körper, die höheren Nummern (12, 14, 16 usw.) größere. Wählen Sie die Größe(n) entsprechend den Abmessungen Ihres Bildes.

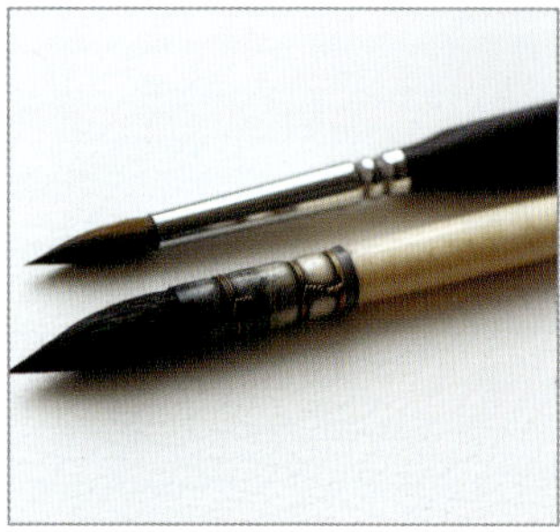

Rundpinsel werden in der Aquarellmalerei am häufigsten verwendet, da sie auf vielfältige Weise einsetzbar sind.

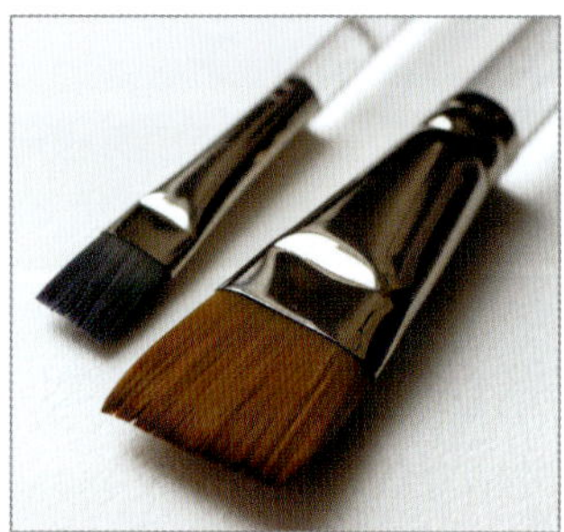

Verwenden Sie Flachpinsel, um scharfe Linien, geometrische Formen und große Flächen zu malen.

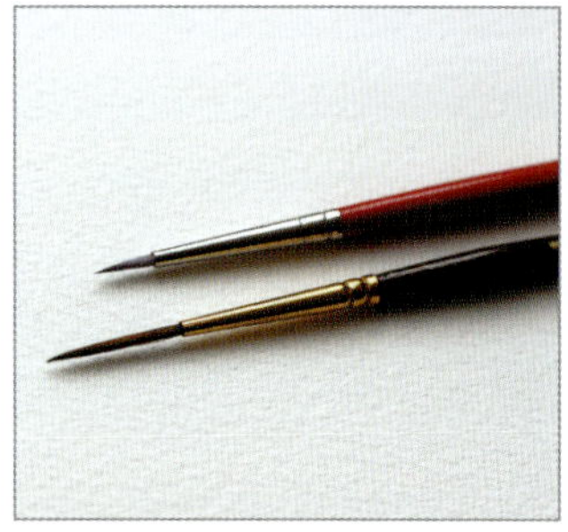

Benutzen Sie dünne, lange Pinsel für kleine Details, lange Linien und Schrift.

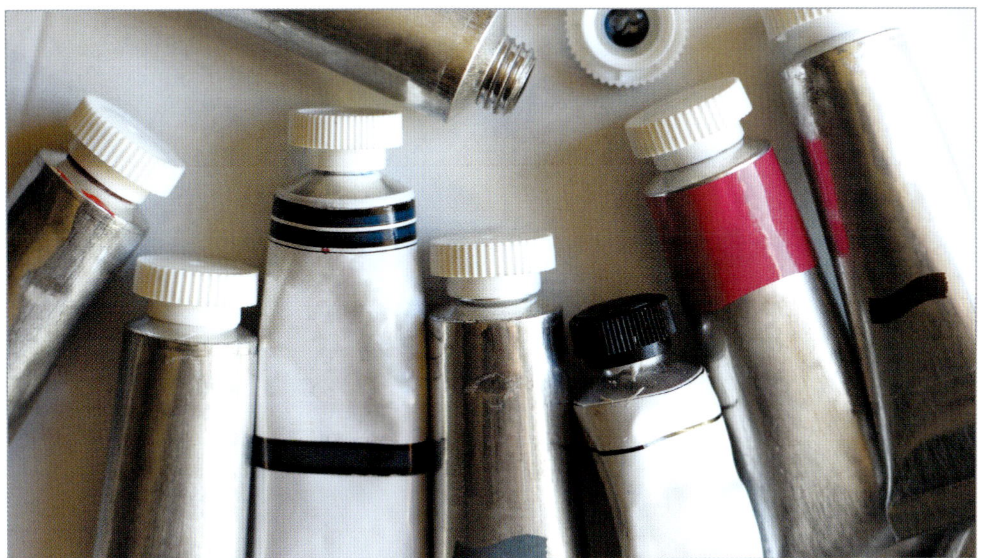

FARBE

Aquarellfarbe besteht aus zwei Hauptbestandteilen: Gummi arabicum (das Bindemittel) und pulverisierten Pigmenten (die Farbe). Farbe in Studienqualität enthält billigere Pigmente und mehr Füllstoffe, während Farbe in Künstlerqualität aus superfeinen Pigmenten mit hoher Beständigkeit besteht.

Farben in Studienqualität sind für den Beginn gut geeignet, besonders, wenn Sie noch nicht mit der Aquarellmalerei vertraut sind und erst einmal üben möchten. Viele Anfänger sind jedoch beim Arbeiten damit schnell frustriert, weil sie keine hochpigmentierten Farben erzeugen können, der Fluss eingeschränkt ist und die Farben verblassen. Versuchen Sie, die hochwertigsten Farben zu kaufen, die Ihr Geldbeutel erlaubt, auch wenn Sie sie erst nach und nach anschaffen.

Aquarellfarbnäpfchen sind häufiger in Studienqualität erhältlich. Näpfchen gibt es auch in Künstlerqualität, und die meisten professionellen Künstler verwenden Näpfchen für das Malen im Freien und unterwegs. Tuben in Künstlerqualität enthalten viel Farbe, die lange reicht. Sie sind auch einfacher in der Handhabung.

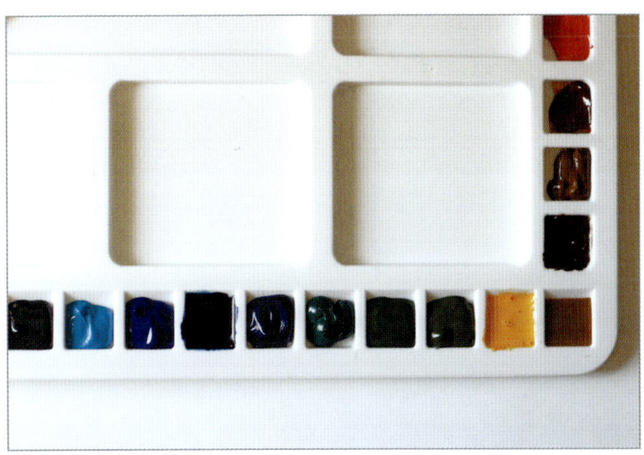

PALETTE Beim Arbeiten mit Tubenfarben benötigen Sie auch eine Palette. Füllen Sie jede Vertiefung mit einer einzelnen Farbe. Gruppieren Sie aus praktischen Gründen ähnliche Farben nebeneinander.

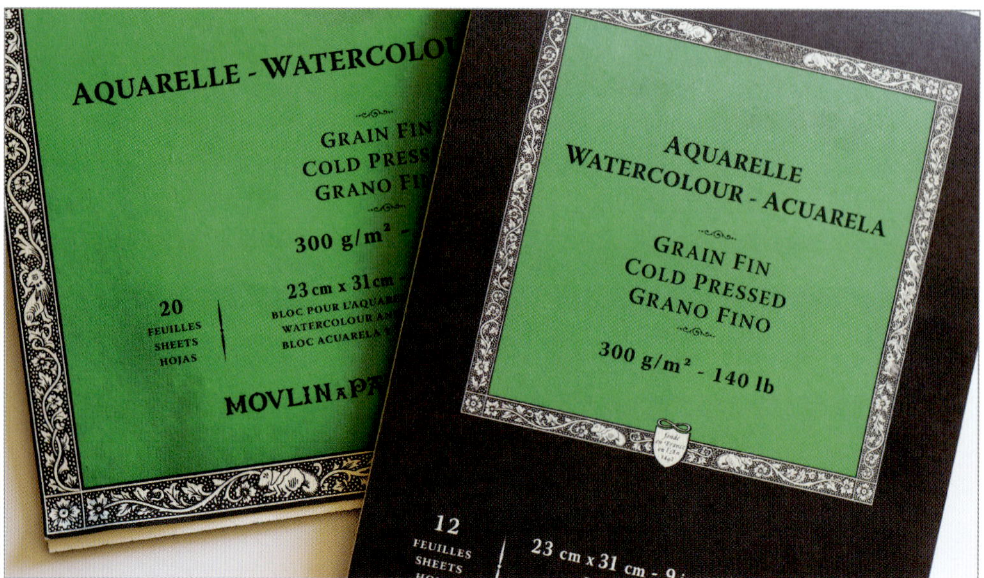

PAPIER

Das Wichtigste beim Papier ist das Gewicht. Normales Druckerpapier wellt oder verzieht sich beim Auftragen von Wasser. Dickes Aquarellpapier mit ausreichendem Gewicht kann Wasser aufnehmen, ohne zu wellen. Das Standardgewicht für Aquarellpapier ist 300g/m2.

Aquarellpapier gibt es kaltgepresst (matt), heißgepresst (satiniert) und rau. Kaltgepresstes Papier weist Rillen und eine Textur auf, durch die das Papier mehr Wasser aufnehmen kann. Heißgepresstes Papier ist glatt und nicht texturiert, es benötigt weniger Wasser, damit die Farbe leicht fließen kann. Kaltgepresstes Papier hat eine hervorragende Textur und ist sehr saugfähig. Heißgepresstes Papier eignet sich gut für Schriftzüge und Illustrationen.

Wasser fließt gut auf Papier aus 100% Baumwolle. Wenn das Papier nicht aus reiner Baumwolle besteht, können sich beim Malen an unerwarteten Stellen Pfützen bilden. Manche Künstler bevorzugen das Aussehen von Papier, das nicht aus reiner Baumwolle besteht. Probieren Sie also verschiedene Sorten aus, um zu sehen, was Ihnen am besten gefällt.

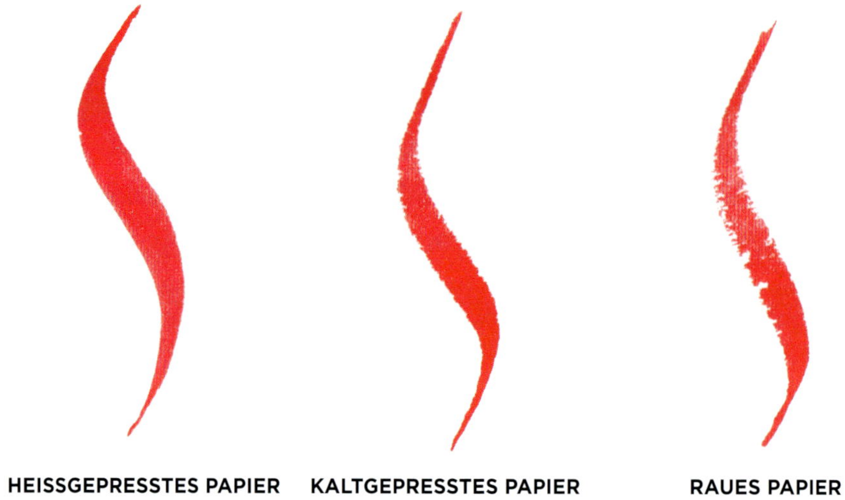

HEISSGEPRESSTES PAPIER **KALTGEPRESSTES PAPIER** **RAUES PAPIER**

ZUBEHÖR Bevor Sie mit dem Malen beginnen, sollten Sie sich diese anderen nützlichen Utensilien bereitlegen.

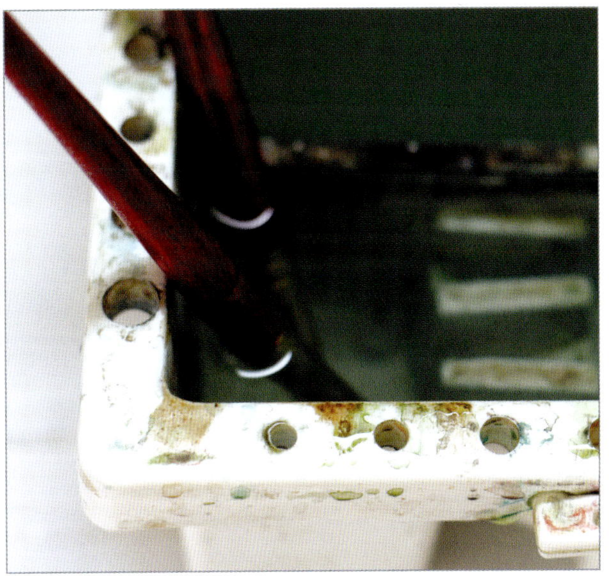

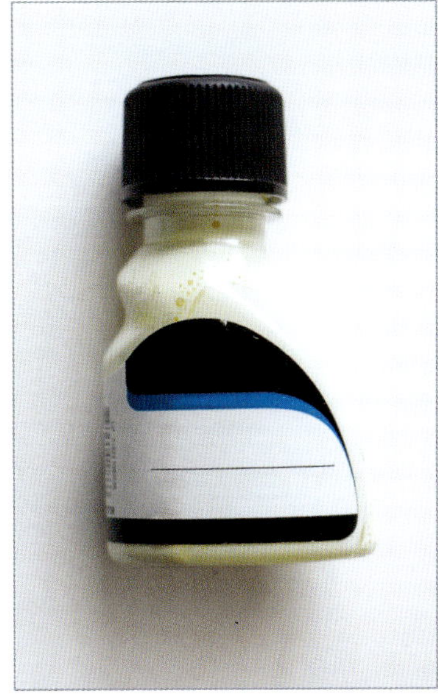

WASSER

Es ist hilfreich, einen Wasserbehälter mit zwei Abteilungen zu verwenden. So können Sie kühle Farben in der einen Hälfte und warme Farben in der anderen auswaschen, ohne dass sich die Farbtöne vermischen.

ABDECKFLÜSSIGKEIT

Abdeckflüssigkeit schützt das Weiß des Papiers vor Aquarellfarbe. Verwenden Sie es, um Bereiche Ihres Gemäldes oder das blanke Papier an den Stellen zu schützen, die frei von Farbe bleiben sollen.

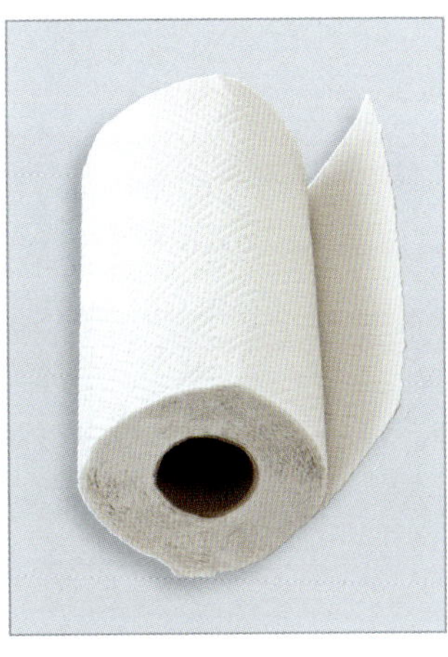

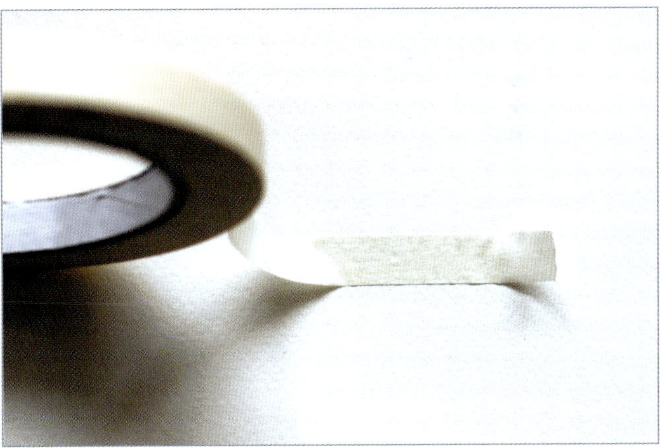

KÜCHENPAPIER

Küchenpapier eignet sich nicht nur, um Arbeitsplatz und Pinsel zu reinigen, sondern auch, um interessante Texturen in Aquarellen zu erzeugen.

ABDECKBAND

Abdeckband ist sehr praktisch, um beim Malen scharfe Linien zu ziehen. Wie die Abdeckflüssigkeit schützt das Band das Papier oder die trockene Farbe auf dem Papier vor der nassen Aquarellfarbe.

GRUNDLAGEN

Um sich mit dem Aquarellmalen besser vertraut zu machen, beherzigen Sie am besten die folgenden Tipps und Techniken. Auch wenn Sie noch nie zuvor gemalt haben, werden Sie mit etwas Übung schon bald den Dreh heraus haben!

Wasser mit dem Pinsel aufnehmen

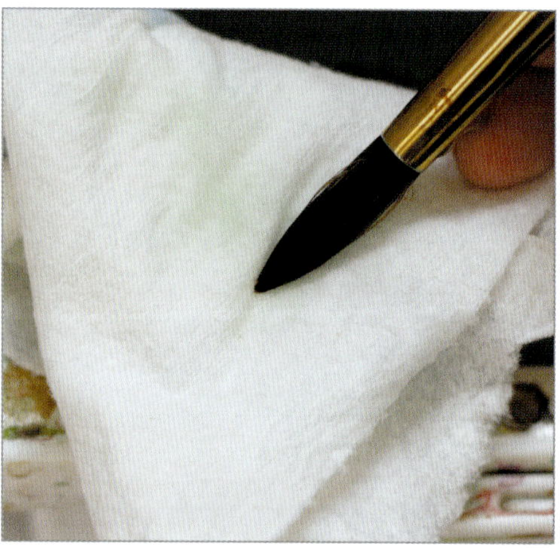

PERFEKT

Um den Pinsel mit genau der richtigen Menge Wasser zum Malen zu füllen, legen Sie die Borsten nach dem Eintauchen in Wasser schnell auf ein Stück Küchenpapier.

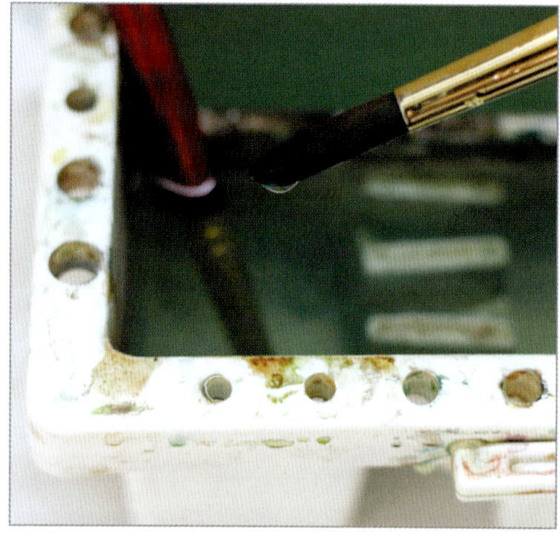

ZU NASS

Wenn Sie den Pinsel einfach in den Wasserbehälter tauchen, nimmt er eine große Menge Wasser auf. Diese Menge ist zwar zu viel zum Malen, aber nützlich, um die Farbe für hellere Lasuren auf größeren Flächen zu verdünnen.

ZU TROCKEN

Wenn Sie den Pinsel zu stark auf dem Küchenpapier trocknen, ist er möglicherweise fürs normale Malen zu trocken. Ein „zu trockener" Pinsel kann jedoch dazu eingesetzt werden, um Texturen und aufwendige Details zu erzeugen.

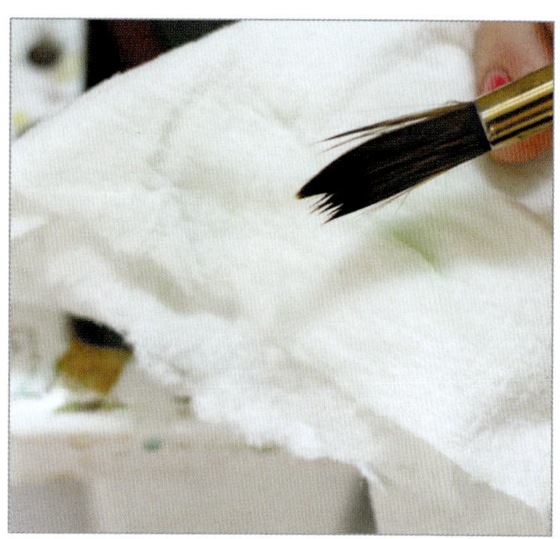

Farbe mit dem Pinsel aufnehmen

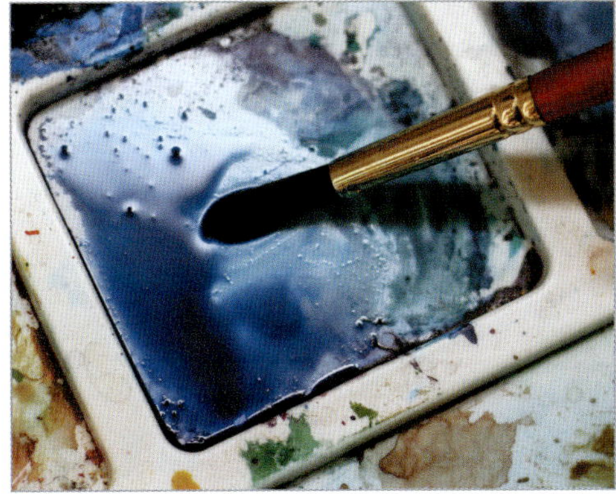

Beim Aufnehmen der Farbe sollten Sie darauf achten, dass der Pinsel mit der „perfekten" Menge Wasser befeuchtet ist. (Siehe „Perfekt", Seite 12.) Tauchen Sie den Pinsel in die gewünschte Farbe ein und verwenden Sie die Palette, um die Farbe zu mischen und bei Bedarf mehr Wasser aufzutragen.

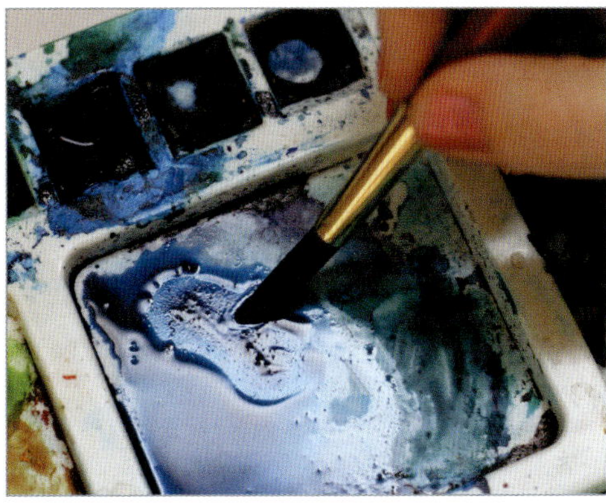

Wenn die Farbe sehr dick ist, fließt sie auf der Palette nicht so gut. Wenn die Farbe lockerer fließen soll, tauchen Sie den Pinsel zunächst in Wasser und dann in die Farbe, um sie zu verdünnen.

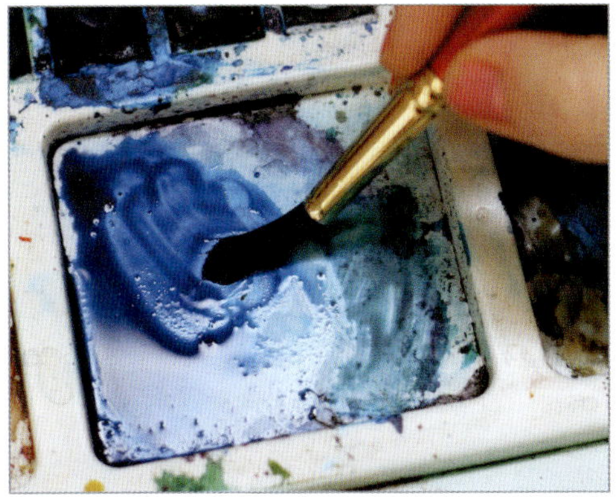

Eine mittlere Menge Farbe fließt genau richtig, ohne dass das Pigment zu sehr verwässert wird.

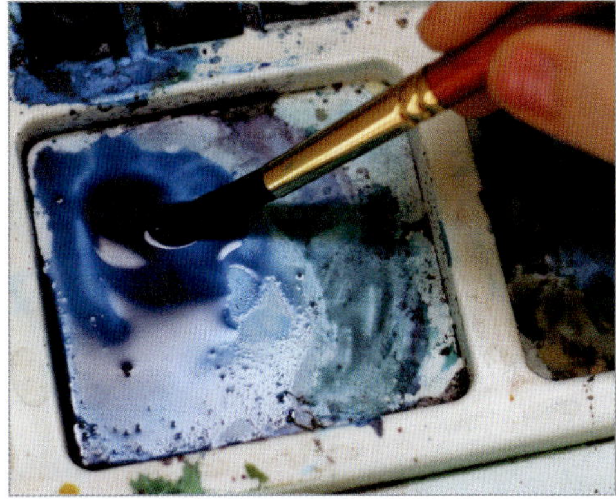

Stark verwässerte Pigmente fließen stark und bilden auf der Palette Pfützen.

Wenn die Farbe auf Ihrer Palette zu verwässert ist, fügen Sie mehr Farbe hinzu. Wenn sie zu dick ist, geben Sie mehr Wasser hinzu. Spielen Sie mit der Konsistenz, bis das Ergebnis am besten Ihren Bedürfnissen und Ihrem Stil entspricht.

Techniken

Mit Aquarellfarben können Sie allerlei Effekte und Texturen erzielen. Üben Sie die folgenden Techniken, um sich mit Ihren Farben und Pinseln vertraut zu machen. Schauen Sie sich diesen Abschnitt immer wieder an, wenn Sie unsicher sind, wie sich ein bestimmter Effekt erzeugen lässt.

FLACHER FARBAUFTRAG

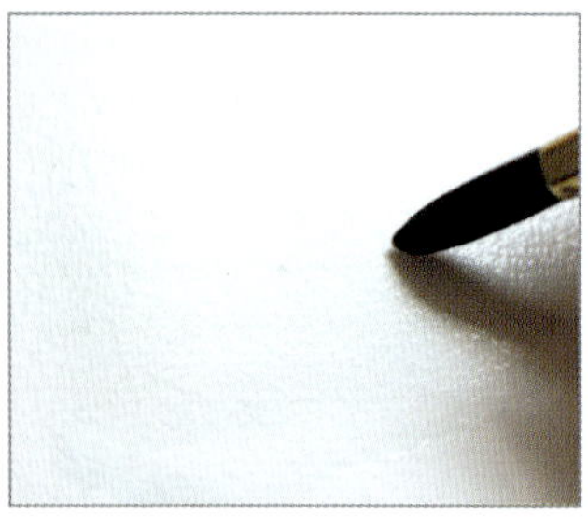

Malen Sie den Bereich mit klarem Wasser aus.

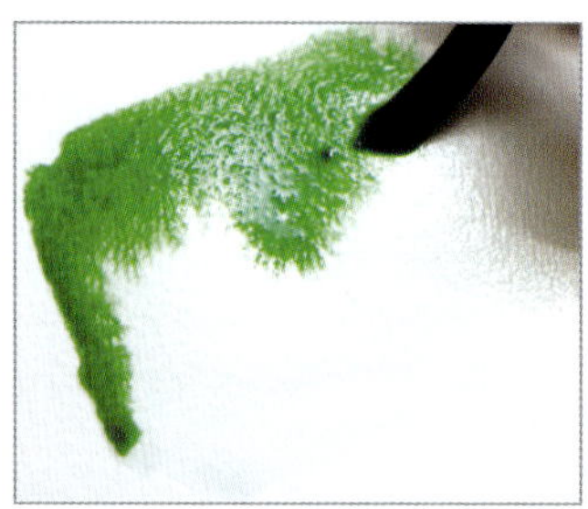

Tragen Sie die Farbe gleichmäßig auf und lassen Sie sie auf dem nassen Papier verlaufen.

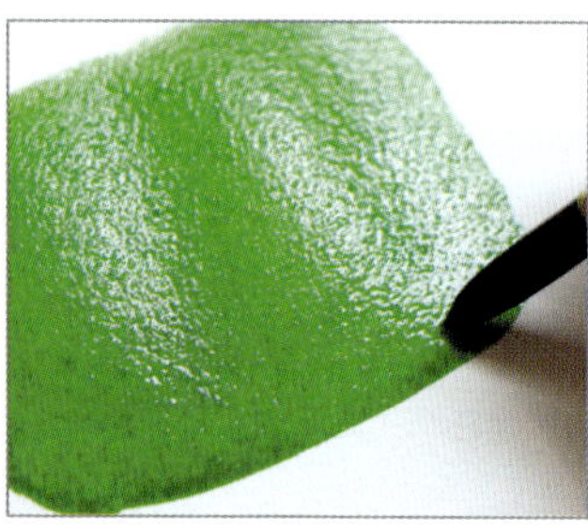

Überlagern Sie den Auftrag nicht, damit er beim Trocknen sein flaches Aussehen behält.

ABGESTUFTER FARBAUFTRAG

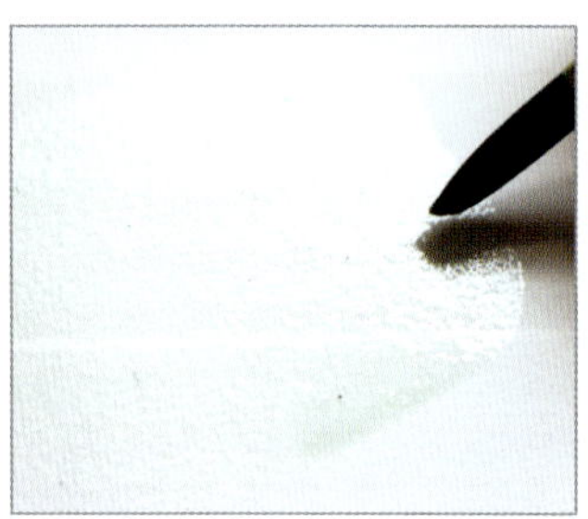

Malen Sie den Bereich mit klarem Wasser aus.

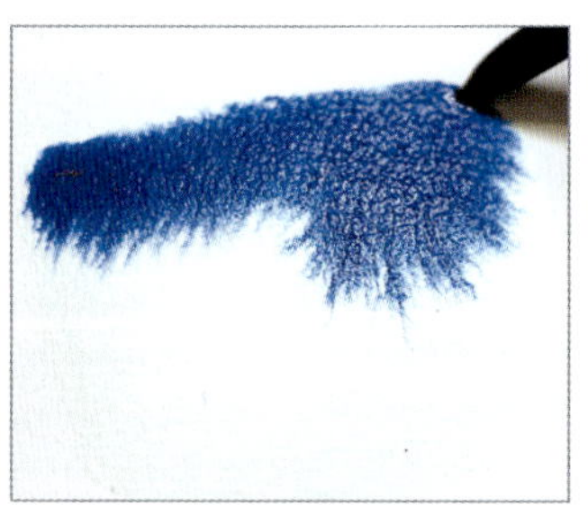

Tragen Sie eine große Menge Pigment auf den Pinsel auf und setzen Sie ihn an den Rand des nassen Bereichs des Papiers.

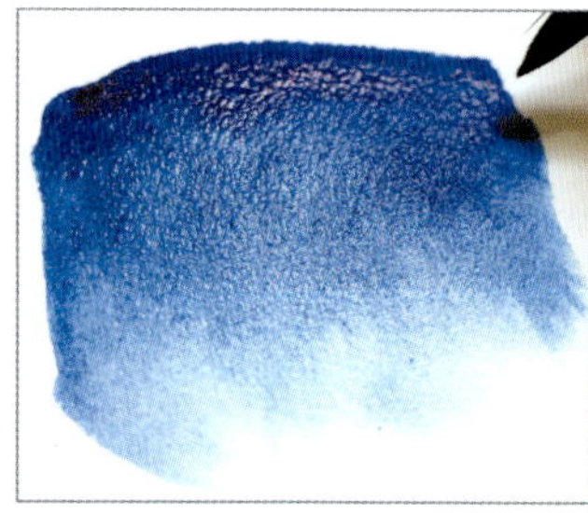

Lassen Sie die Farbe allmählich über die nasse Fläche laufen, sodass die Farbe auf einer Seite dunkel ist und nach und nach heller wird.

MEHRFARBIGER FARBAUFTRAG

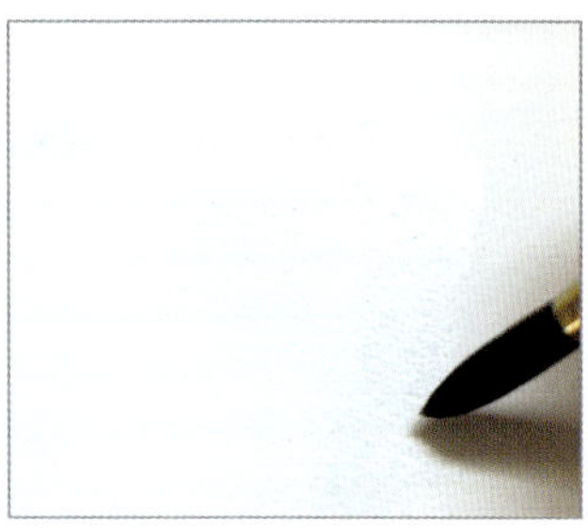

Malen Sie den Bereich mit klarem Wasser aus.

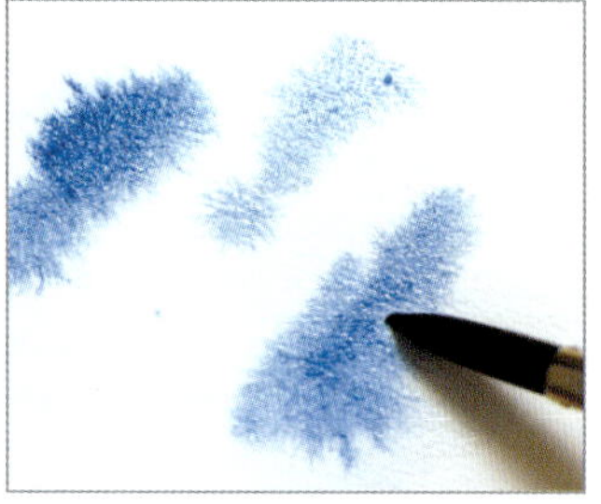

Fügen Sie zufällige Tropfen einer Farbe hinzu, wobei weiße Bereiche dazwischen frei bleiben.

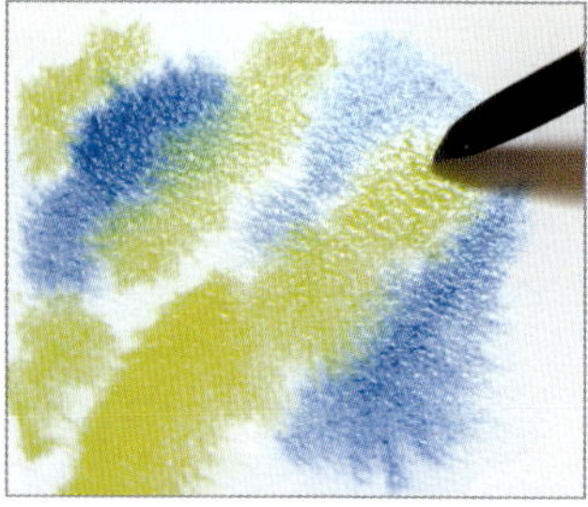

Fügen Sie Tropfen einer anderen Farbe in den weißen Bereich ein, sodass sich die Farben etwas verblenden, aber erhalten bleiben.

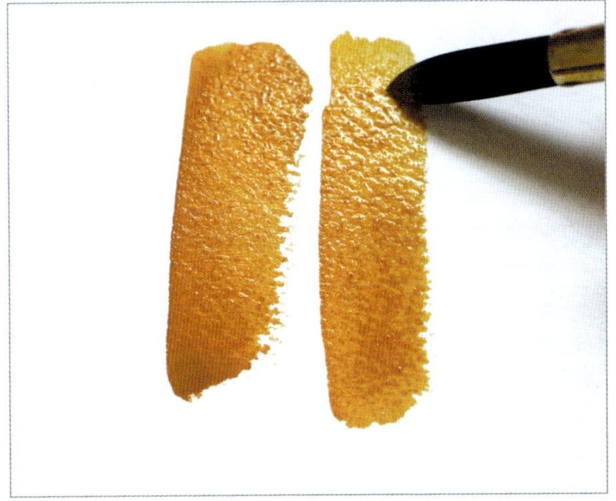

NASS-AUF-TROCKEN Dies ist die einfachste Technik. Nehmen Sie Farbe mit dem Pinsel auf und malen Sie direkt auf einem trockenen Blatt Papier.

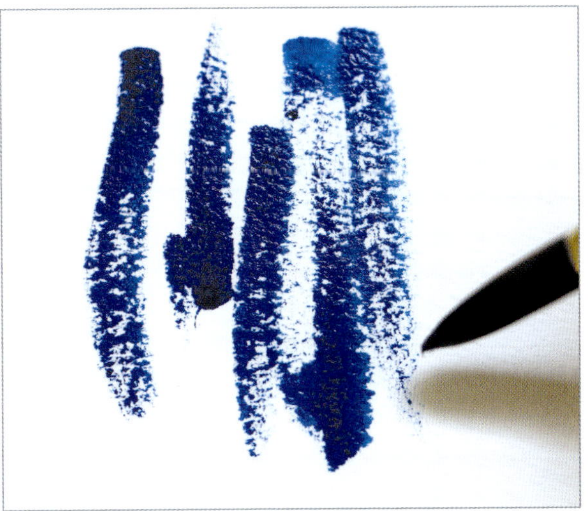

TROCKENPINSELTECHNIK
Trocknen Sie einen nassen Pinsel mit Küchenpapier ab, bevor Sie ihn in leicht verdünnte Farbe tauchen. Tragen Sie die Farbe auf das Papier auf, sodass durch die Trockenheit viel Textur entsteht.

LASIEREN Tragen Sie eine Schicht einfarbiger Aquarellfarbe auf. Lassen Sie sie vollständig trocknen und malen Sie dann eine weitere Farbschicht darüber. Mit dieser Technik können Sie Aquarellfarbe schichtweise auftragen, ohne dass die Farben ineinander verlaufen.

NASS-IN-NASS

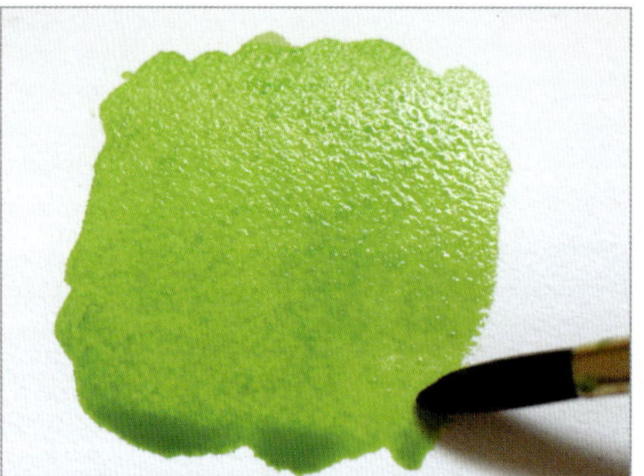

Färben Sie einen Bereich einfarbig ein.

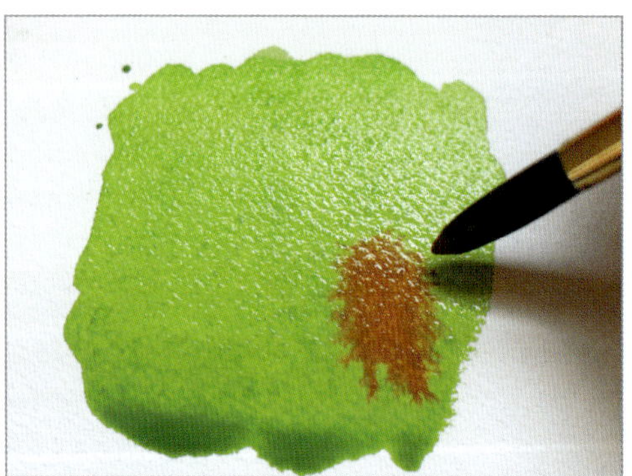

Während die Farbe noch sehr feucht ist, tropfen Sie eine weitere Farbe mit reichlich Wasser auf.

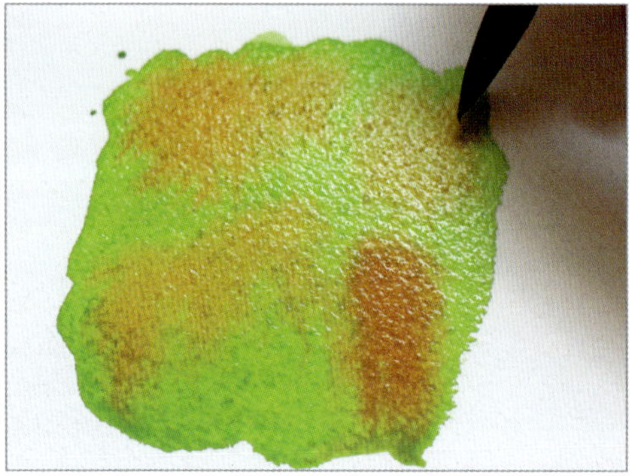

Lassen Sie die Farben ausbluten, wobei sie ihren Ton behalten.

TROCKEN-AUF-NASS

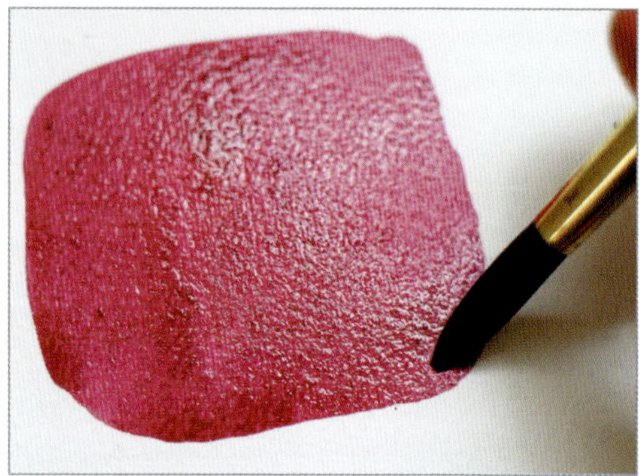

Färben Sie einen Bereich einfarbig ein.

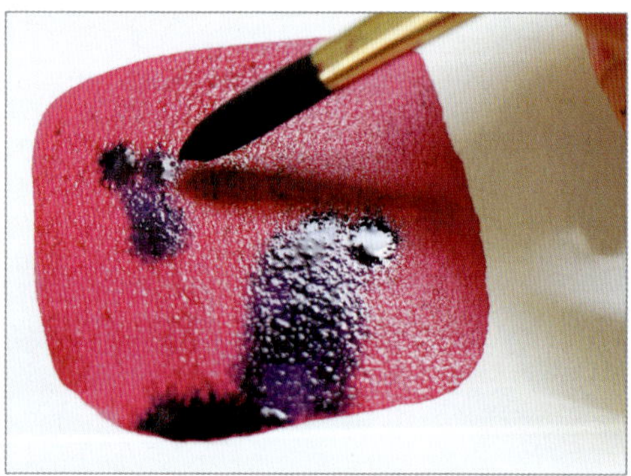

Während die Farbe noch nass glänzend ist, tropfen Sie mit einem trockenen Pinsel eine weitere Farbe auf.

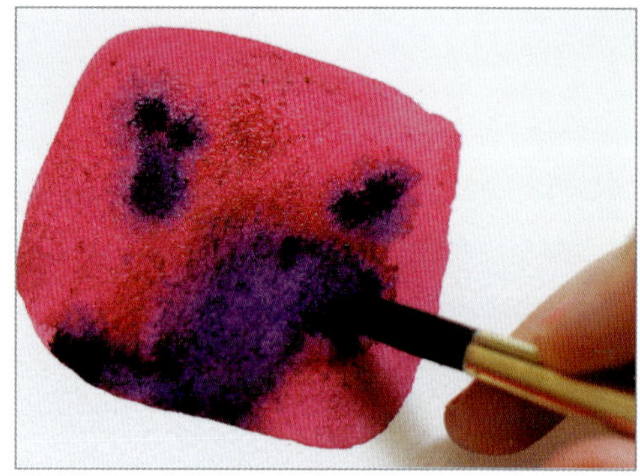

Die Farbe wird etwas ausbluten, aber größtenteils dort bleiben, wo Sie sie aufgetragen haben, und unscharfe Ränder erzeugen.

VERBLENDEN

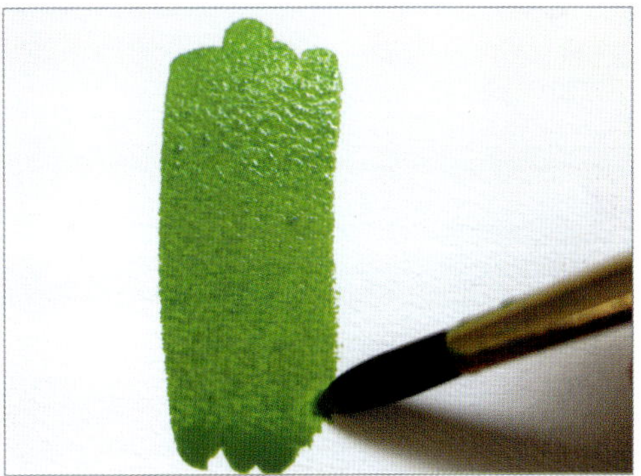

Färben Sie einen Bereich einfarbig ein.

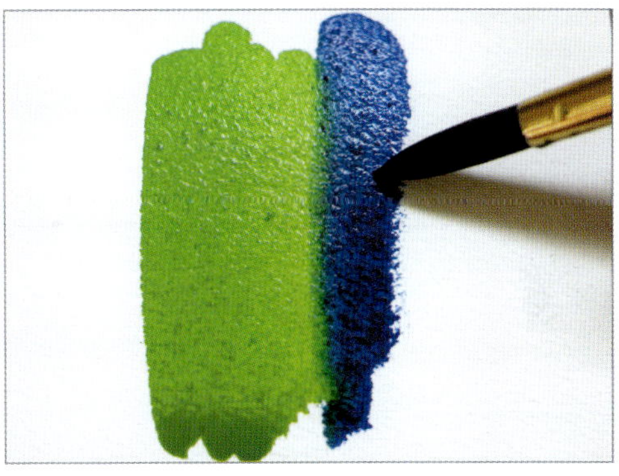

Während die Farbe noch sehr feucht ist, tragen Sie eine andere Farbe direkt neben der ersten auf, sodass sich die Ränder berühren.

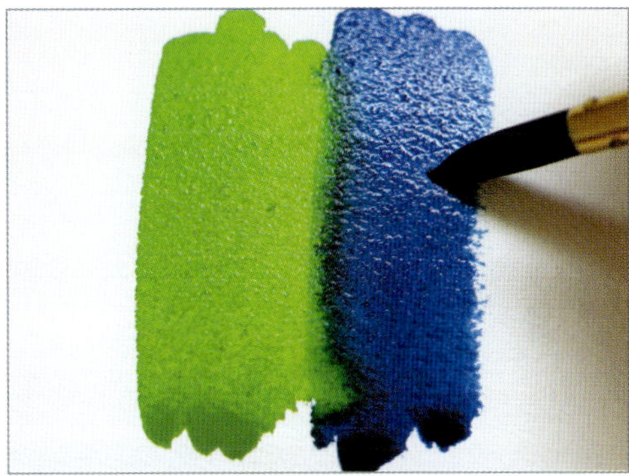

Bei dieser Technik können die Farben ineinander verlaufen und sich dort, wo sie aufeinandertreffen, zu einer neuen Farbe vermischen.

DRUCK & ANHEBEN

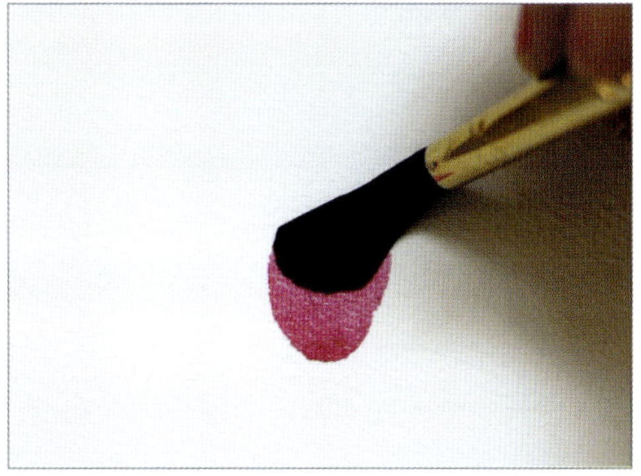

Üben Sie mit einem voll beladenen Pinsel Druck auf den Haarkörper am Papier aus.

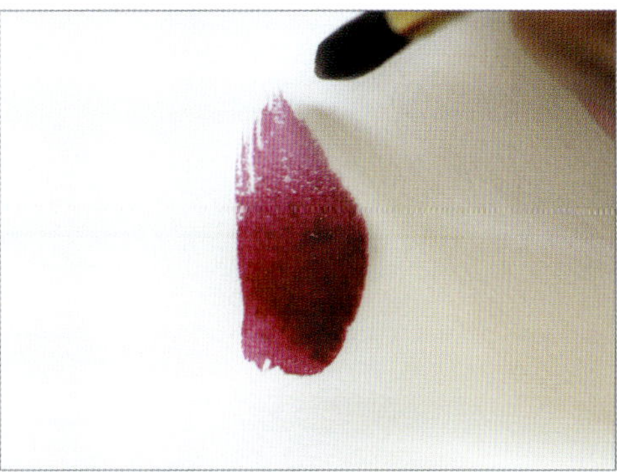

Heben Sie die Haare am Ende mit einer schnellen fegenden Bewegung an.

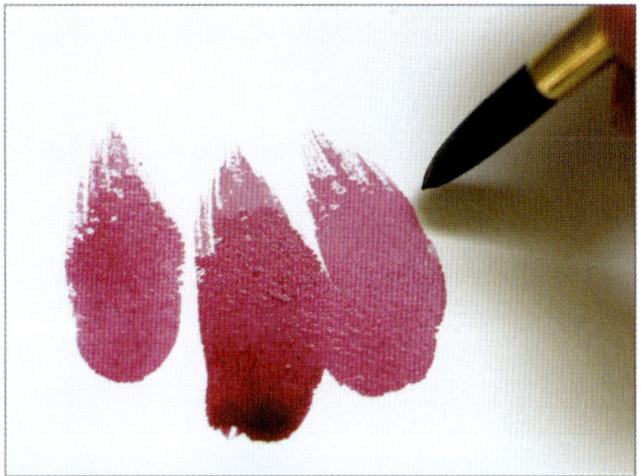

Sie können Druck und Anheben als eine Technik einsetzen oder jeden Schritt als einzelne Maltechnik verwenden.

HARTE & WEICHE RÄNDER

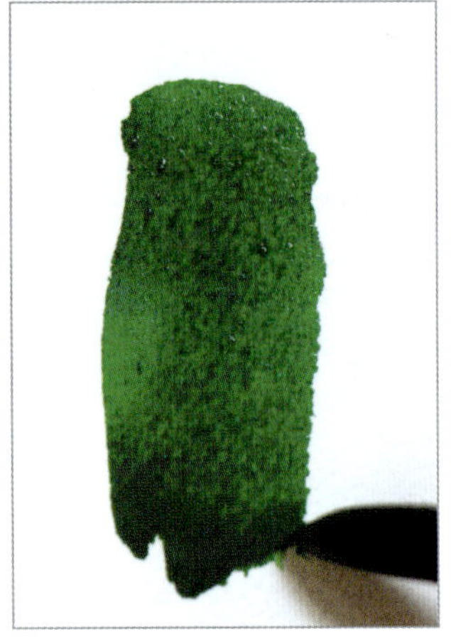

Malen Sie einen Bereich mit Aquarellfarbe aus. Wenn Sie die Farbe in diesem Stadium trocknen lassen, sind die Ränder hart.

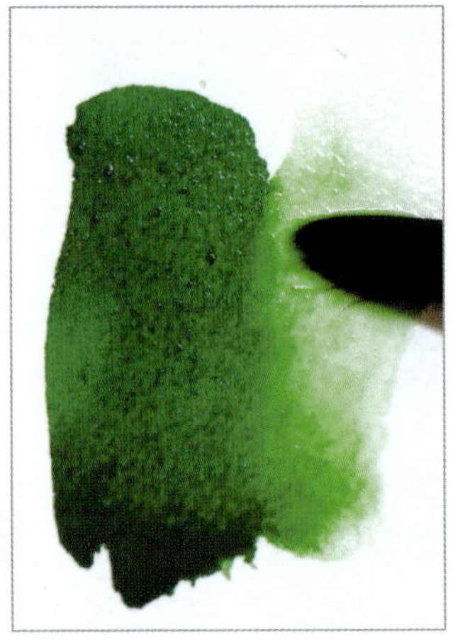

Für weiche Ränder tragen Sie Wasser auf den Rand auf, bis er natürlicher verläuft.

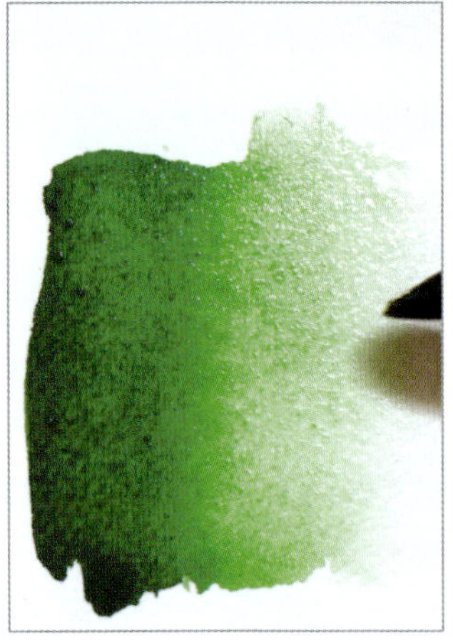

Das Ergebnis ist eine subtile Farbabstufung, die nach außen hin immer heller wird.

AUSBLÜHEN

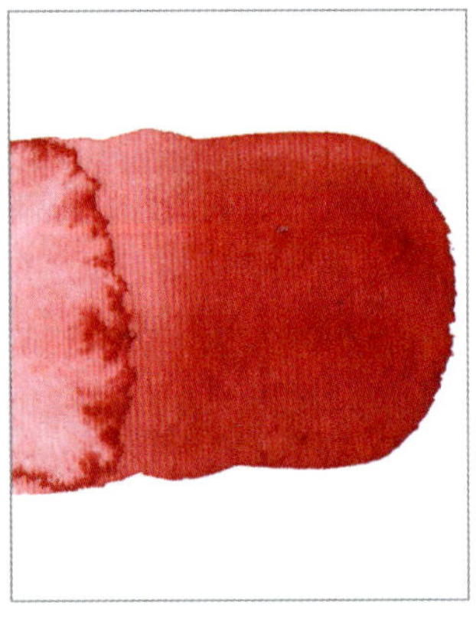

„Ausblühungen" erzeugen interessante, blumenförmige Ränder an Stellen, wo ein nasser Auftrag auf einen feuchten trifft. Tragen Sie zunächst eine Lasur auf. Lassen Sie die Farbe etwa eine Minute lang einziehen und tragen Sie dann eine weitere Lasur innen auf (oder fügen Sie einen Tropfen klares Wasser hinzu).

NEIGEN

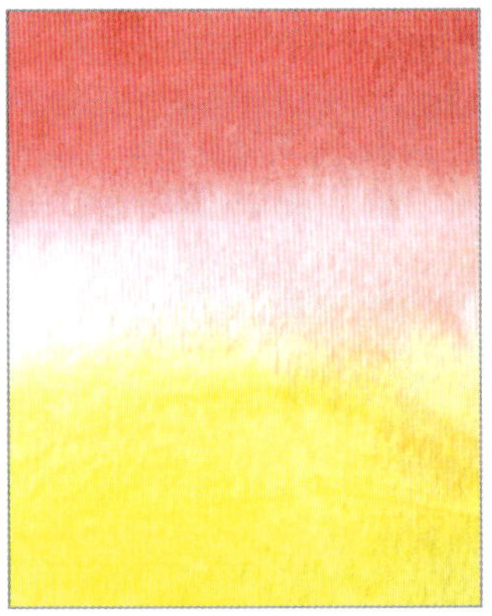

Um die Farben ineinander zu ziehen, tragen Sie zwei Lasuren nebeneinander auf und neigen Sie das noch nasse Papier, sodass eine Lasur in die andere fließt. So entstehen interessante Verläufe und unregelmäßige Ränder.

SPRITZEN

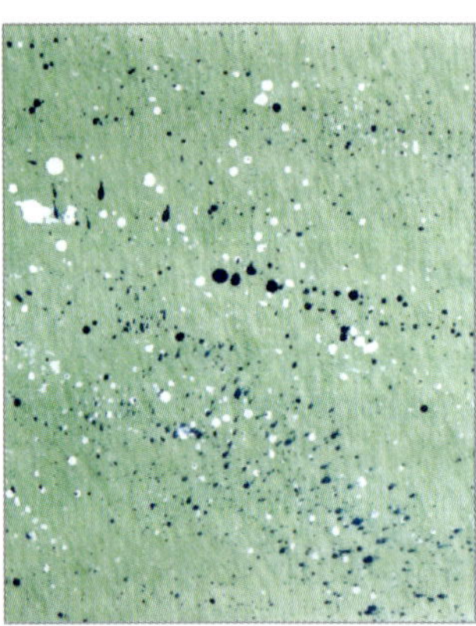

Decken Sie zunächst alle Bereiche, die unberührt bleiben sollen, mit einem Blatt Papier ab. Befüllen Sie Ihren Pinsel mit nasser Farbe und klopfen Sie mit dem Pinsel auf einen Finger, um Farbtropfen auf dem Papier zu verteilen. Sie können Ihren Pinsel auch befüllen und dann mit der Fingerspitze über die Borsten fahren, um eine Art Sprühnebel zu erzeugen.

Farbe entfernen

Auch wenn sich Farbe nicht komplett vom Papier „löschen“ lässt, gibt es einige Techniken zum Entfernen von noch feuchter Farbe.

KÜCHENPAPIER

Malen Sie zunächst eine Fläche mit Aquarellfarbe aus.

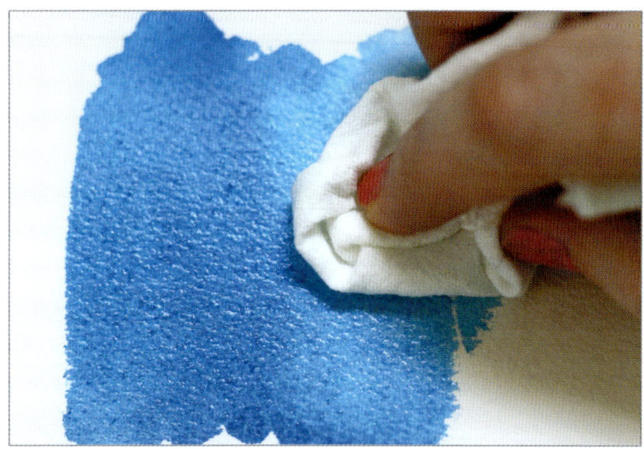

Tupfen Sie leicht mit etwas Küchenpapier über die Stelle, um etwas Farbe zu entfernen.

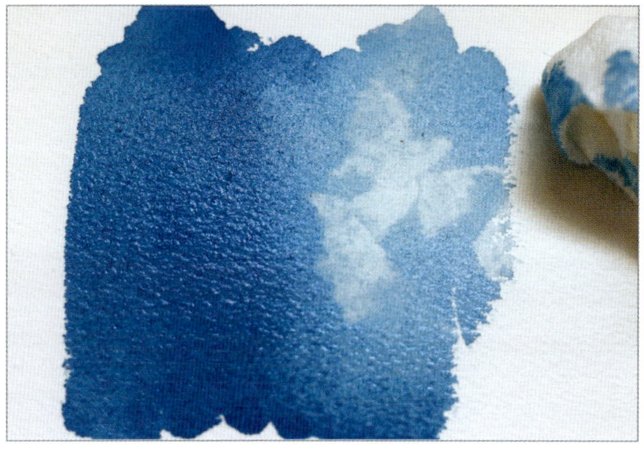

Das Küchenpapier absorbiert einen Teil der Farbe, aber nicht komplett.

PINSEL

Sie können auch mit einem trockenen Pinsel über die bemalte Fläche streichen.

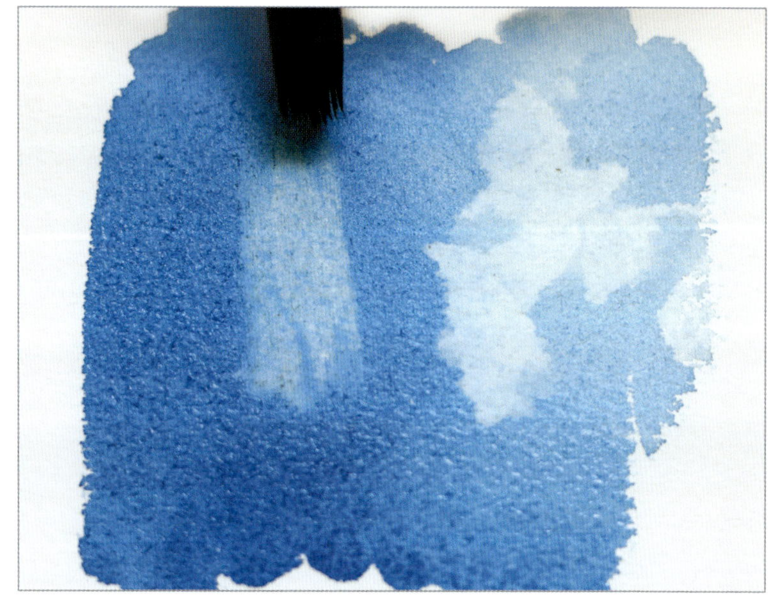

Der Pinsel nimmt nicht ganz so viel Pigment auf wie das Küchenpapier und hinterlässt einen weicheren, subtileren Bereich mit angehobener Farbe.

Mit diesen Techniken lassen sich Fehler korrigieren, aber sie sind auch eine tolle Methode, um beim Malen interessante Akzente und Textur zu erzeugen!

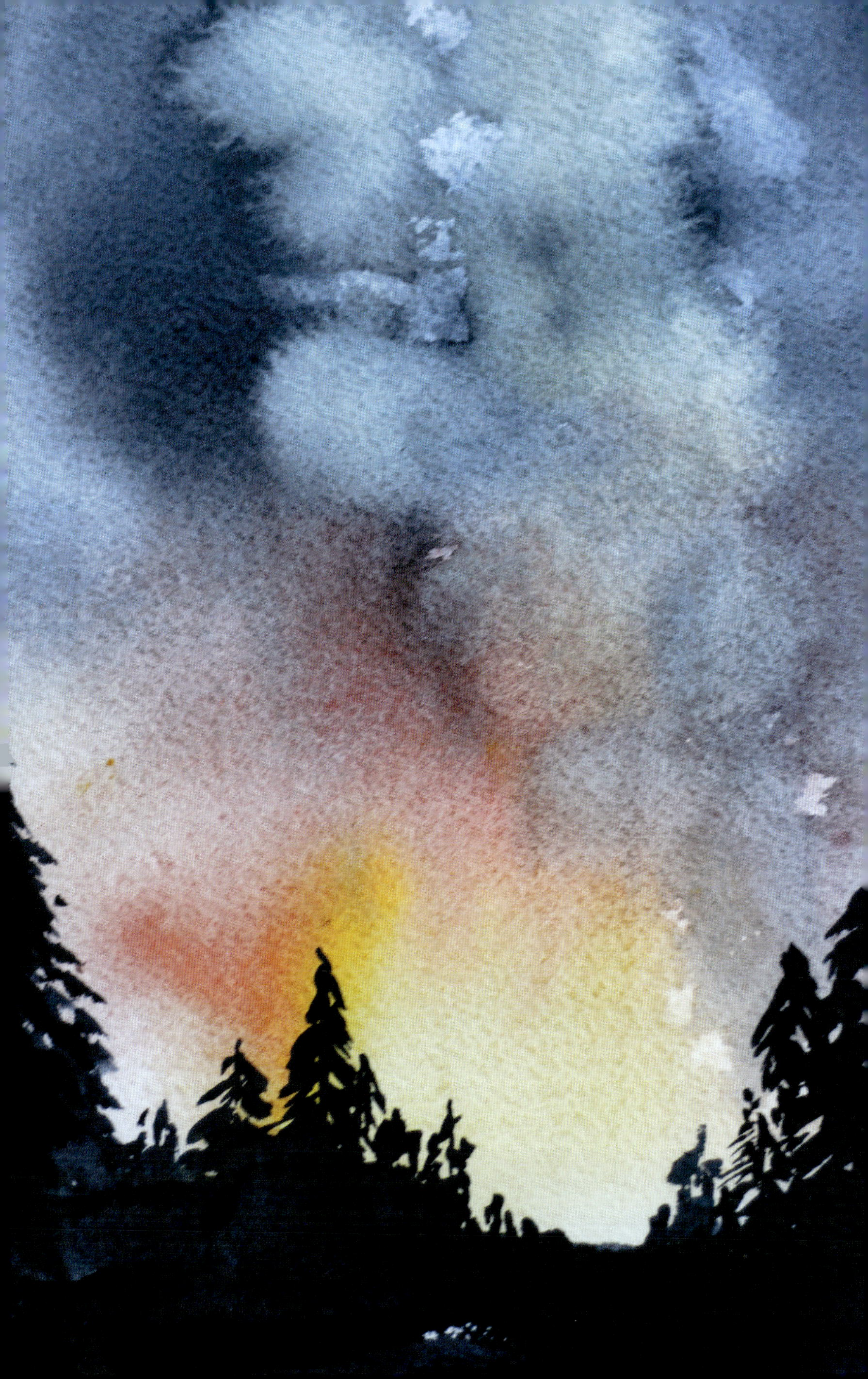

ALLES ÜBER FARBE

FARBENLEHRE

Die *Farbenlehre* dient als Orientierung für die Mischung und Komposition von Farben. Der Farbkreis ist das traditionelle Ordnungssystem zur Einteilung von Farben in drei Kategorien: Primär-, Sekundär- und Tertiärfarben.

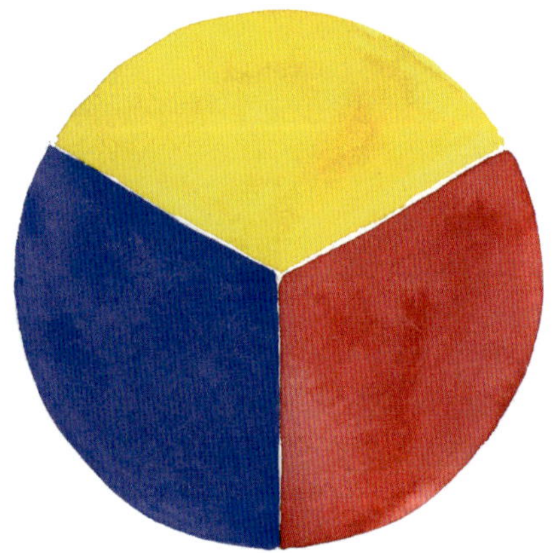

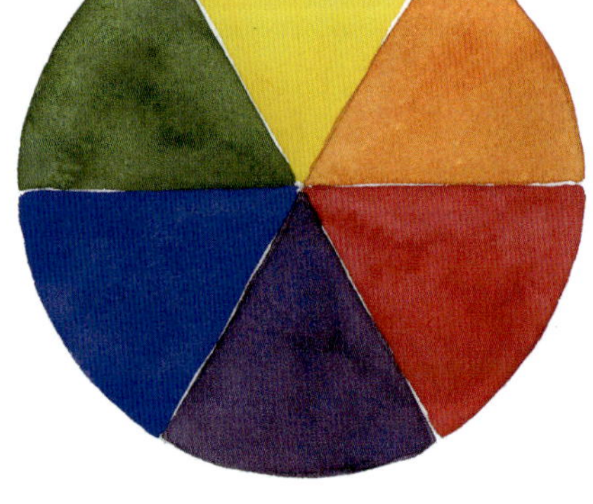

PRIMÄRFARBEN

Die Primärfarben sind Rot, Gelb und Blau. Diese drei Farben lassen sich nicht durch das Mischen anderer Farben erzeugen. Alle anderen Farben sind das Ergebnis der Mischung von Primärfarben.

SEKUNDÄRFARBEN

Die Sekundärfarben sind Grün, Orange und Violett. Diese Farben entstehen durch Mischen zweier Primärfarben. Gelb + Blau = Grün. Rot + Gelb = Orange. Blau + Rot = Violett.

TERTIÄRFARBEN

Die Tertiärfarben sind gelb-orange, rot-orange, rot-violett, blau-violett, blau-grün und gelb-grün. Diese Farben entstehen durch Mischen einer Sekundärfarbe mit einer Primärfarbe. Beispiel: Gelb + Grün = Gelb-Grün.

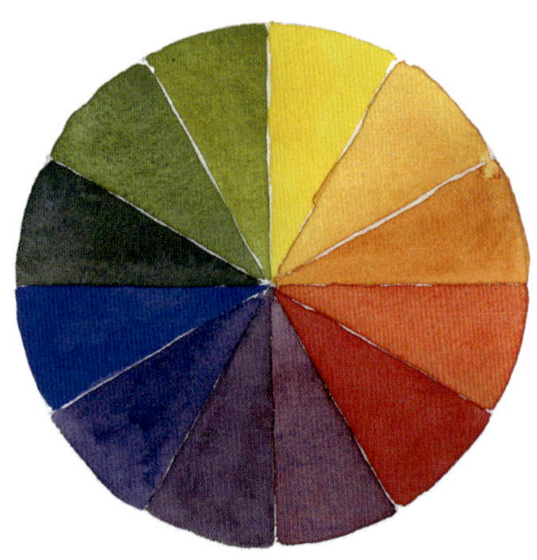

Farbharmonie

Farbharmonie bedeutet Farbanordnungen, die als angenehm für das Auge empfunden werden. Durch den richtigen Einsatz von Farben erzielen sie Ausgewogenheit und Interesse. Werden Farben nicht harmonisch verwendet, wirkt das Ergebnis visuell nicht stimmig und chaotisch. Ihr Ziel ist es, mithilfe des Farbkreises Kunst zu schaffen, die visuell und künstlerisch ansprechend ist.

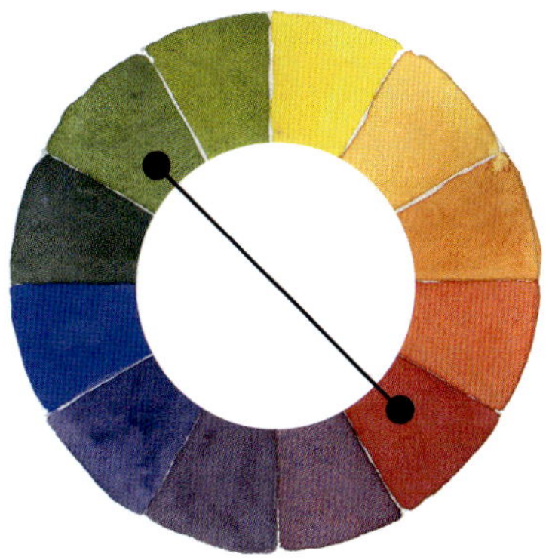

KOMPLEMENTÄRFARBEN

Ein komplementäres Farbschema erzeugt einen starken Kontrast. Sie müssen aber achtsam eingesetzt werden, um eine Überreizung und Chaos zu vermeiden. So sind etwa Rot und Grün Komplementärfarben, aber ein zarterer Rotton in einem Gemälde mit diesem Farbschema verhindert eine visuelle Verwirrung.

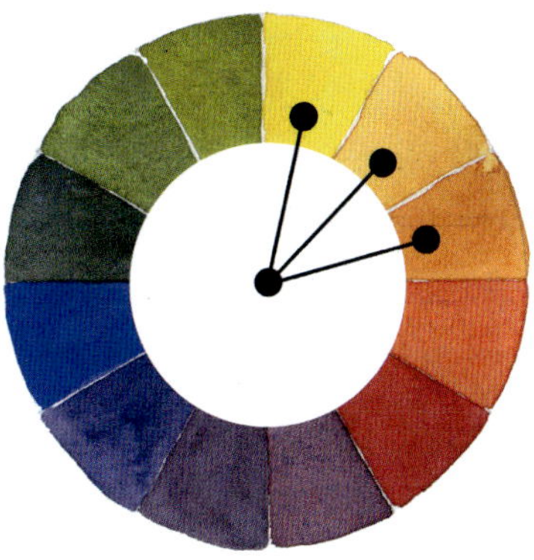

ANALOG

Analoge Farben sind drei beliebige Farben, die auf dem Farbkreis nebeneinander liegen. Zum Beispiel: Gelb, Gelb-Orange und Orange. Solche Farben lassen sich leicht verblenden, sodass sie für das Gehirn stimmig sind. Normalerweise dominiert eine Farbe.

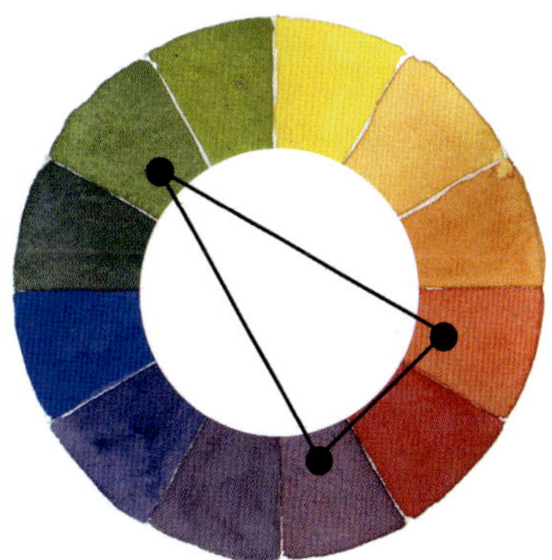

TEILKOMPLEMENTÄR

Dabei handelt es sich um eine Anpassung des komplementären Farbschemas. Durch Verwendung dieser Farben entsteht ein hoher Kontrast mit weniger Gegensätzen. Beispiel: Grün, Rot-Lila und Rot-Orange.

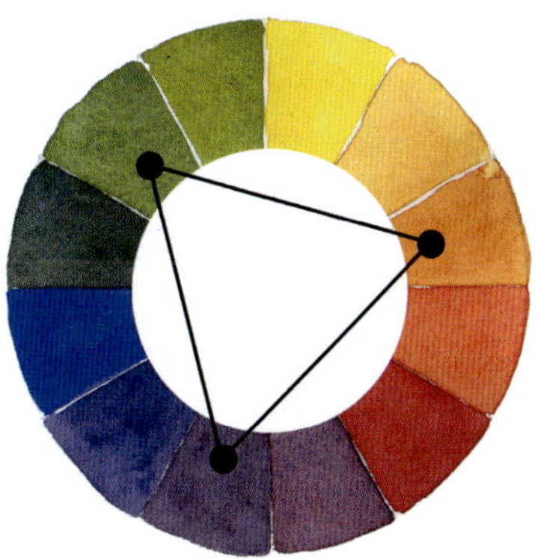

TRIADISCH

Eine Anordnung von triadischen Farben erzeugt einen hohen Kontrast, selbst bei helleren Tonwerten. Die Kombination ist sehr lebendig, meist dominiert eine Farbe, während die beiden anderen sie unterstützen.

FARBE MISCHEN

Beim Mischen von Farben werden Farben miteinander kombiniert, um eine neue zu erzeugen. Den richtigen Farbton zu erzeugen, ist eine wichtige Fertigkeit, die Sie bei jedem Projekt brauchen. Es gibt drei Möglichkeiten, um Farben zu mischen: auf dem Papier, auf der Palette und durch Lasieren.

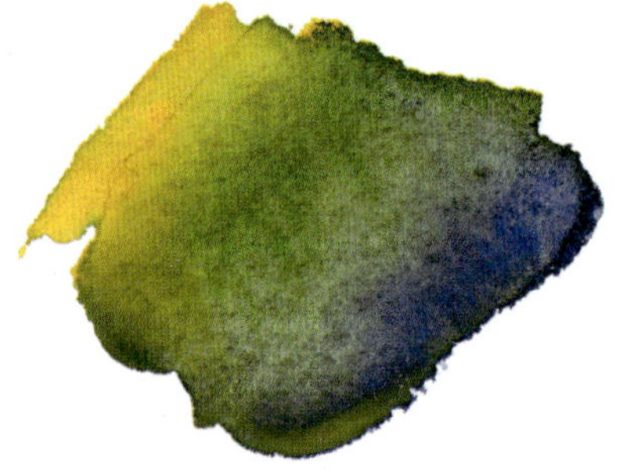

PAPIER

Wenn es Ihnen nichts ausmacht, dass die Primärfarben nicht vollständig verblendet sind, können Sie die Farben direkt auf dem Aquarellpapier mischen. Normalerweise ist diese Methode nicht ganz gleichmäßig. Dieses Beispiel zeigt ein gemischtes Grün, aber beachten Sie, dass einige Stellen eher gelb oder blau aussehen.

PALETTE

Für eine gleichmäßige und einheitliche Farbe mischen Sie die Farben auf Ihrer Palette, bevor Sie sie aufs Papier auftragen. Mit dieser Technik können Sie die Farbbalance vor dem Einsatz vollständig kontrollieren.

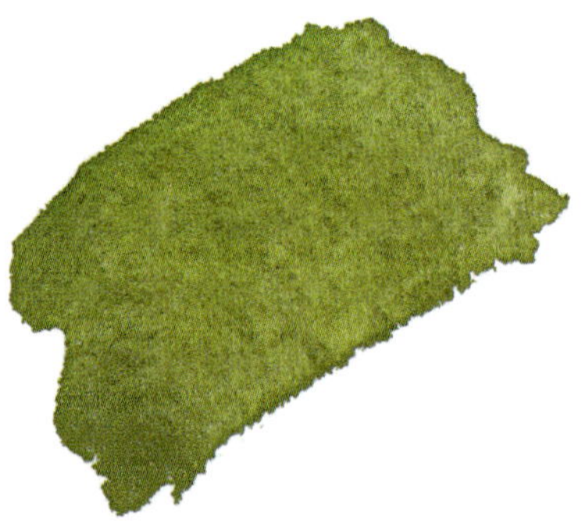

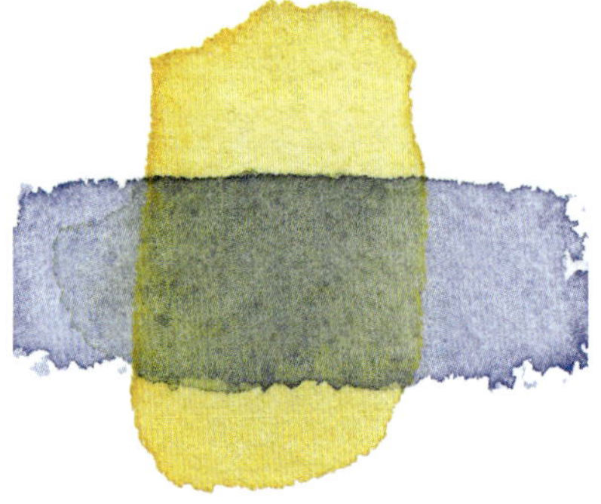

LASIEREN

Beim Lasieren werden Schichten von Aquarellfarben übereinander aufgetragen. Dies ist eine hervorragende Methode, um eine Farbe nach Wahl zu erzeugen, aber auch dank der darunter liegenden Schichten Tiefe zu kreieren.

Farbmischtabelle

Sie müssen nicht nur wissen, wie man aus den Primärfarben andere Farben mischt, sondern auch, wie man die spezifischen Farben auf der Palette mischt. Die meisten Aquarellmaler haben eine große Auswahl an Farben auf ihrer Palette, nicht nur die Primärfarben. Es ist sehr nützlich, eine Tabelle mit all den verschiedenen Farbtonkombinationen zu erstellen, die Ihre Farben erzeugen können. Erstellen Sie mit diesen Tipps Ihre eigene Tabelle.

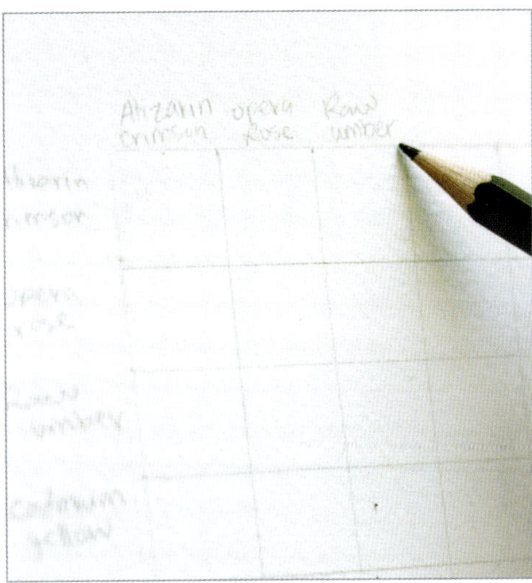

Zeichnen Sie mit einem Lineal Quadrate entsprechend der Anzahl der gewählten Farben. In diesem Beispiel werden acht Farben verwendet, was 64 Quadrate ergibt. Schreiben Sie dann die Namen der gewählten Farben in der gleichen Reihenfolge auf die linke Seite und den oberen Rand.

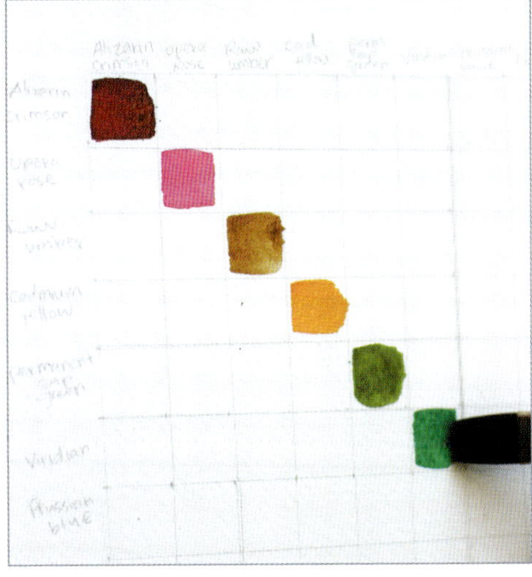

Die mittlere diagonale Linie ist die „reine Farbe", bei der der Name der Farbe an der Seite und oben gleich ist. Malen Sie diese Reihe zuerst aus.

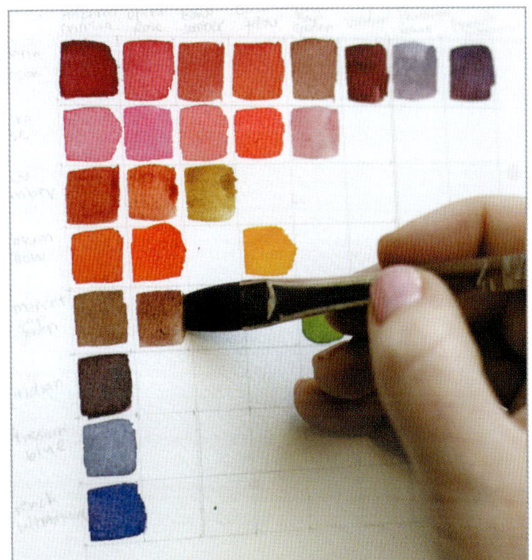

An zwei Stellen auf der Tabelle trifft die gleiche Farbkombination aufeinander. Denken Sie daran: Die Farbe auf der linken Seite ist die dominante Farbe. Verwenden Sie diese Farbe als Basis und fügen Sie ein wenig von der oben angeführten Farbe hinzu, um den Farbton für jedes Quadrat zu erzeugen.

Um beim Herstellen der Tabelle Farbe zu sparen, mischen Sie beide Farbkombinationen gleichzeitig. Beispiel: Wenn die dominante Farbe Opera Rose und die hinzugefügte Farbe Viridian ist, geben Sie auf Ihrer Palette ein wenig Viridian zu Opera Rose und malen Sie dann diese Farbe in ihr Quadrat. Als Nächstes nehmen Sie diese Farbmischung und fügen Viridian hinzu, bis es die dominante Farbe wird. Malen Sie dann diese Farbe in ihr Quadrat.

Ist die Tabelle nicht erstaunlich? Sie haben sämtliche Farben im Blick, die sich mit Ihrer Palette erstellen lassen. Vielleicht entdecken Sie sogar einige unerwartete Kombinationen!

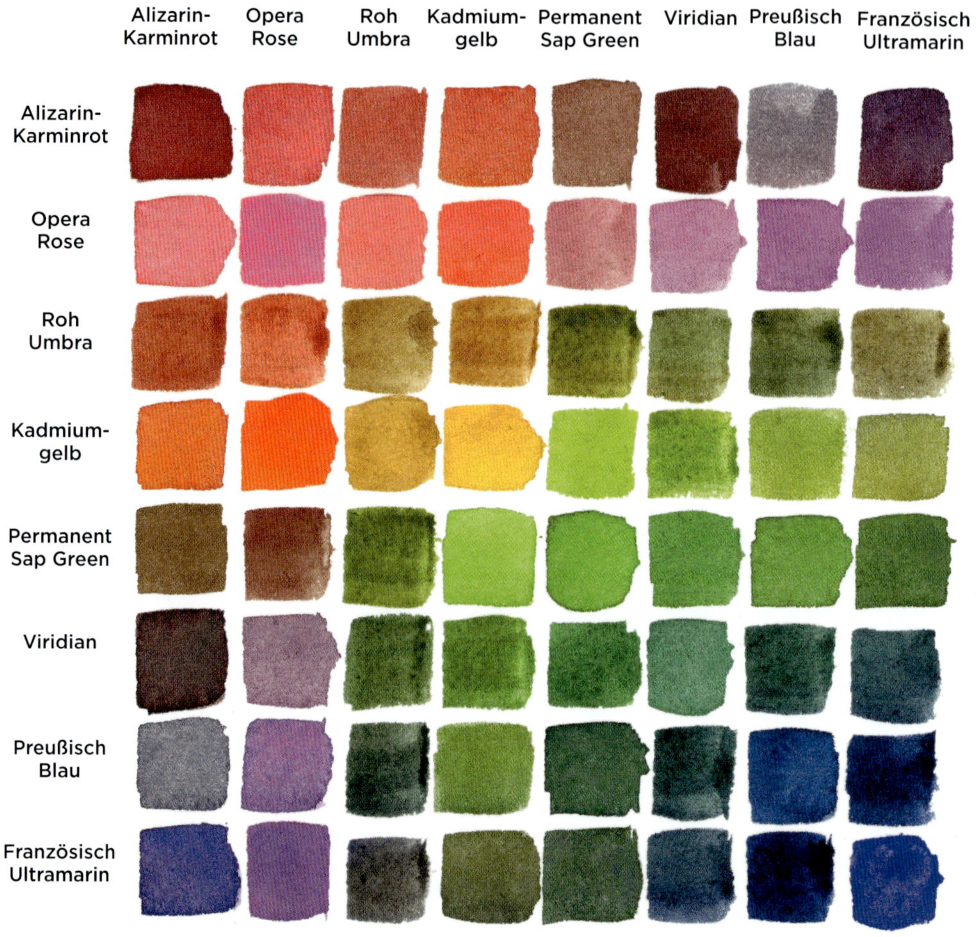

	Alizarin-Karminrot	Opera Rose	Roh Umbra	Kadmium-gelb	Permanent Sap Green	Viridian	Preußisch Blau	Französisch Ultramarin
Alizarin-Karminrot								
Opera Rose								
Roh Umbra								
Kadmium-gelb								
Permanent Sap Green								
Viridian								
Preußisch Blau								
Französisch Ultramarin								

Roh Umbra + Opera Rose

Viridian + Roh Umbra

Französisch Ultramarin + Viridian

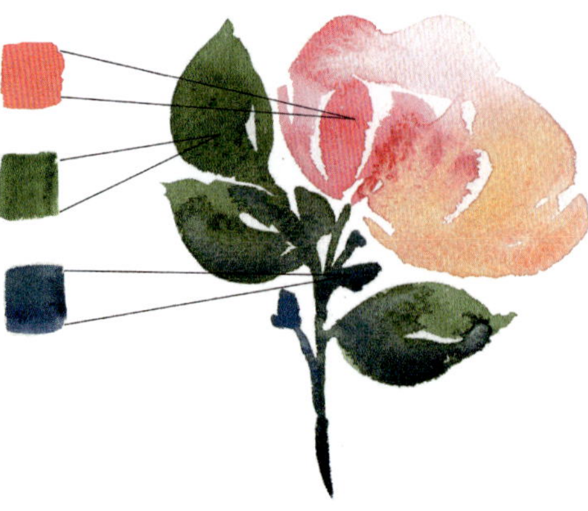

Suchen Sie beim Malen in Ihrer Tabelle nach den gewünschten Farben. So können Sie schnell die exakte Kombination finden, ohne bei Mischversuchen Farbe zu verschwenden.

Um die Farbvariationen innerhalb einer Kombination sowie deren Tonwert zu erkunden, erstellen Sie eine kleinere Mischtabelle. Malen Sie die oberste und unterste Reihe mit 100% ungemischter Farbe, die mittlere Reihe mit einer 50/50-Mischung und die beiden anderen Reihen mit mehr von der reinen Farbe, der jede Reihe am nächsten ist.

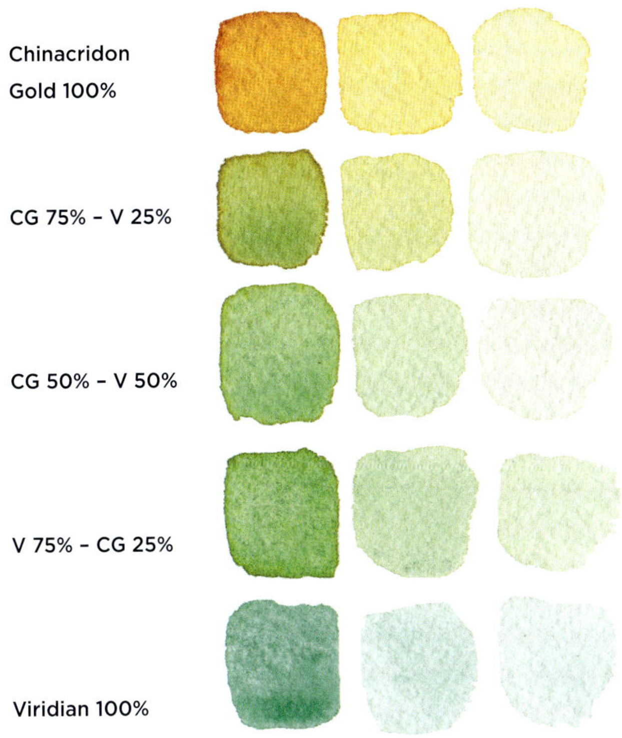

Beispiel: Platzieren Sie Chinacridon Gold oben und Viridian unten. Vermischen Sie beide, um eine gleichmäßige Mischung für die mittlere Reihe zu erhalten. Für die Reihe, die Chinacridon Gold am nächsten ist, fügen Sie mehr Gelb hinzu. Für die Reihe, die Viridian am nächsten ist, fügen Sie mehr Grün hinzu. Geben Sie Wasser zu den Farben, um die helleren Werte in der Tabelle zu erzeugen.

Der *Wert* ist die relative Helligkeit oder Dunkelheit einer Farbe. Um einen Tonwert heller zu machen, fügen Sie Wasser hinzu. Um einen Tonwert dunkler zu machen, fügen Sie Pigment hinzu.

Um den Wert einer Farbe zu bestimmen, vergleichen Sie sie mit der Grauskala. Anhand der Grauskala können Sie feststellen, welcher Farbton Ihrer Farbe vom Wert her am ähnlichsten ist. Zum Beispiel passt Gelb zu den helleren Grauwerten und Violett zu den dunkleren Werten. Tonwerte sind wichtig, damit das Gesamtwerk stimmig wirkt.

DUNKEL **mittel-dunkel** **mittel** **mittel-hell** **HELL**

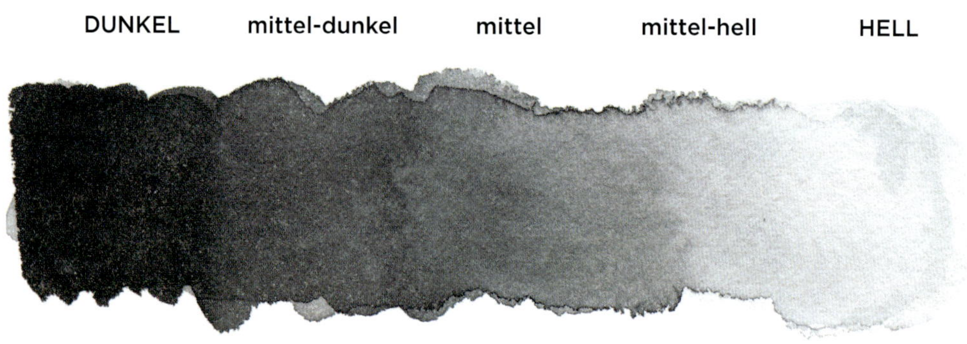

Es gibt fünf Grundwerte: dunkel, mittel-dunkel, mittel, mittel-hell und hell. Die Werte sind in Graustufen leichter zu erkennen. Es ist wichtig, dass Sie Ihr Auge schulen, die Werte in Farbe zu sehen, damit Ihre Bilder stimmig aussehen.

Sie können den Wert einer Farbe ändern, indem Sie sie entweder mit Wasser aufhellen oder mit Pigmenten verdunkeln.

Um Graustufen und Tonwerte besser zu verstehen, vergleichen Sie ein Bild in Farbe und Schwarz-Weiß miteinander. Wenn Sie ein Bild in Schwarz-Weiß umwandeln, können Sie die hellen, mittleren und dunklen Werte besser erkennen.

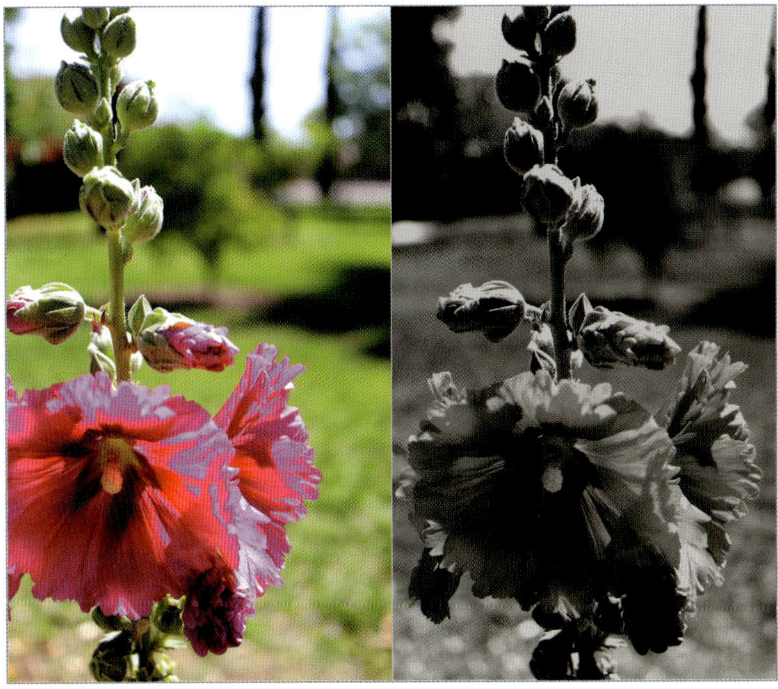

Im folgenden Beispiel werden Sie feststellen, dass die Überlagerung verschiedener Grautöne Ihnen dabei helfen kann, die Tonwerte im Bild oben zu erkennen. Sie sehen, wo sowohl die dunkleren als auch die hellen, fast weißen Farbtöne liegen. Mithilfe dieser Technik können Sie vor dem Malen mit Farbe besser erkennen, wo sich die dunklen Tonwerte befinden.

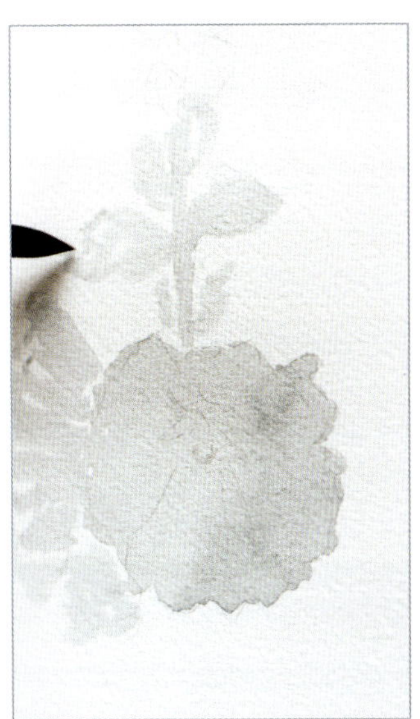

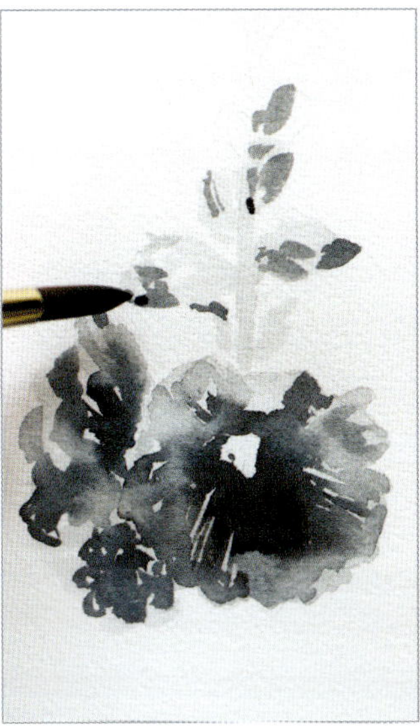

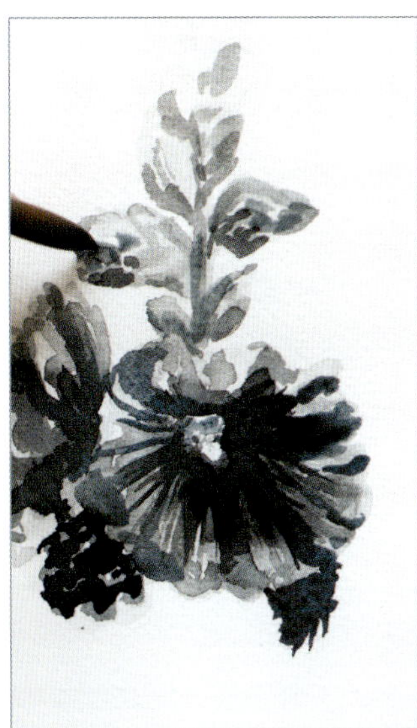

Schwarz & Weiß

Malen in Schwarz-Weiß hilft Ihnen nicht nur, Ihre Kenntnisse in puncto Tonwerte zu vertiefen, sondern schafft auch eine hübsche, monochrome Ästhetik.

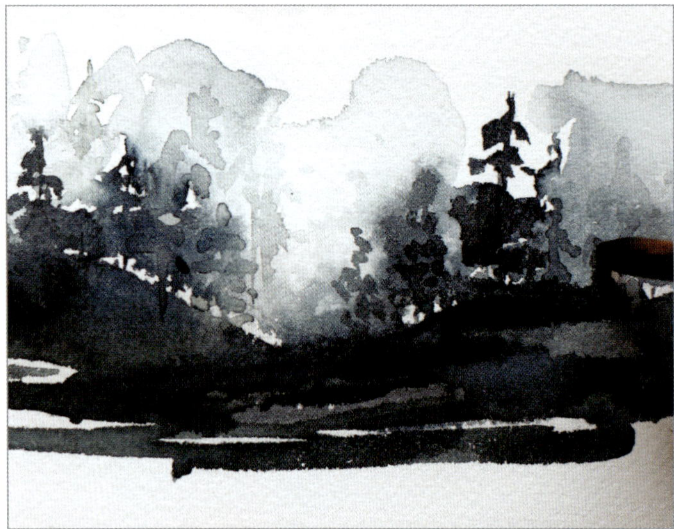

Mit verschiedenen Schwarzwerten können Sie ein monochromes Gemälde mit Tiefe und räumlicher Wirkung kreieren.

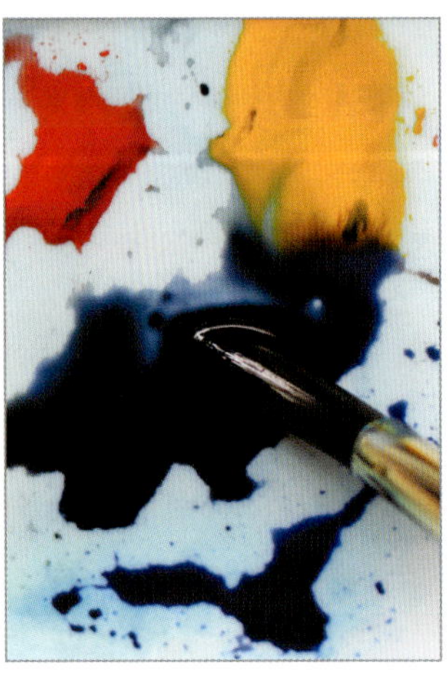

Mischen Sie mithilfe Ihrer neuen Kenntnisse aus allen drei Primärfarben ein Schwarz, das Ihnen zusagt. Diese Mischtechnik sorgt mit blauen, roten und gelben Untertönen für mehr räumliche Wirkung.

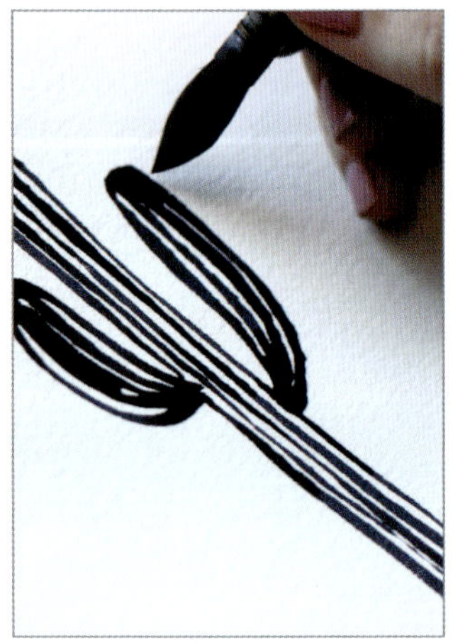

Verwenden Sie weitestmöglich das Weiß des Papiers. Es ist schwierig, einem Gemälde wieder Weiß hinzuzufügen. Daher müssen Sie entweder um die Bereiche, die weiß bleiben sollen, herum malen oder Abdeckflüssigkeit verwenden.

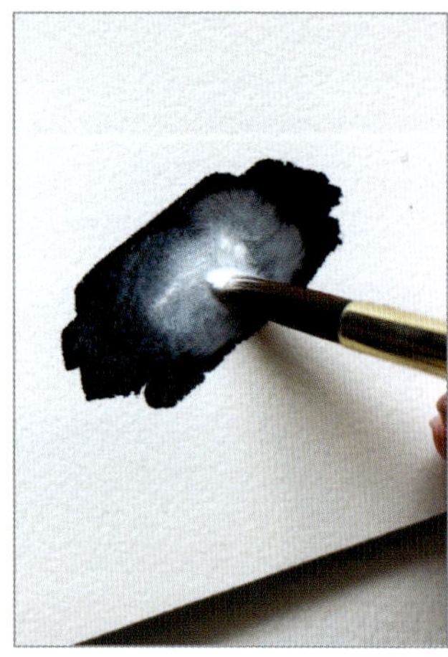

Weiße Aquarellfarbe sollte, wenn überhaupt, sparsam oder nur für bestimmte Techniken verwendet werden. Sie kommt etwa zum Einsatz, wenn eine Farbe undurchsichtig oder weniger durchsichtig gemacht werden soll. Dafür können Sie jeder beliebigen Farbe Weiß hinzufügen. Bei schwarzen Farbtönen entstehen schöne undurchsichtige, wolkige Grautöne.

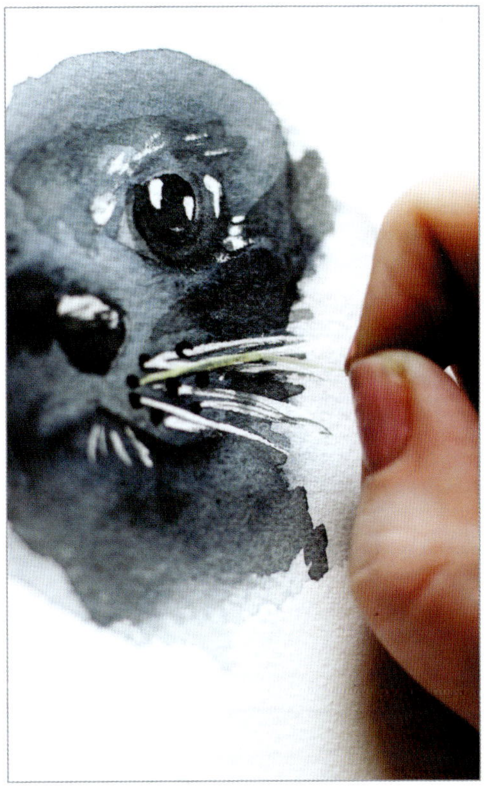

Verwenden Sie Abdeckflüssigkeit (siehe Seite 50), um ein perfektes Weiß zu bewahren.

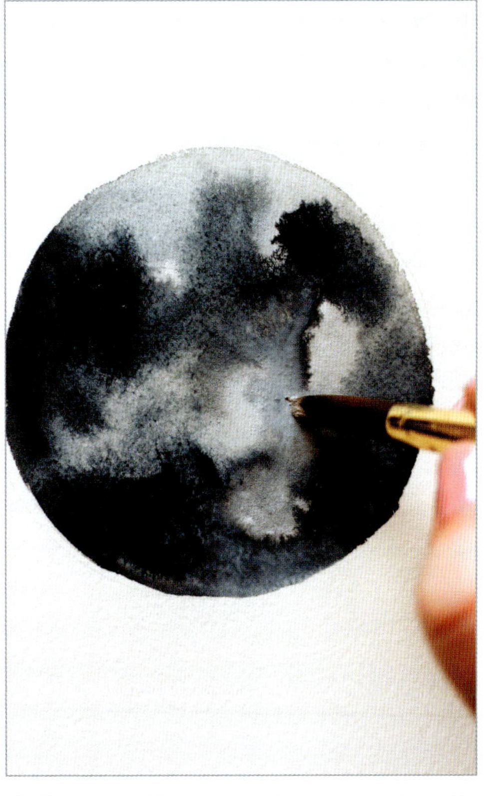

Weiße Aquarellfarbe sorgt bei diesem Mond für das perfekte undurchsichtige Grau.

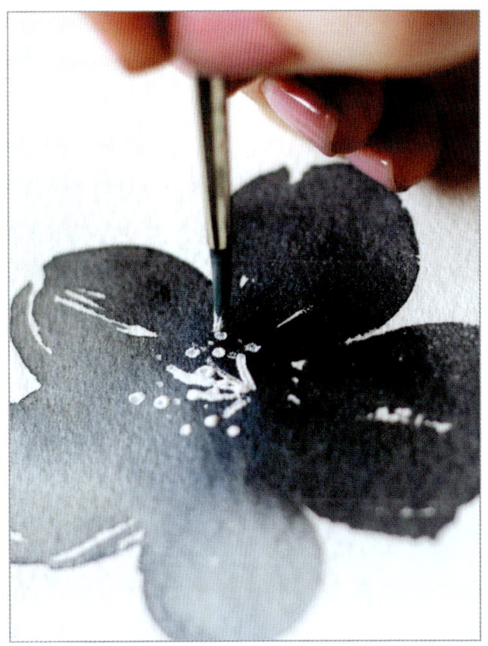

Verwenden Sie zum Auftragen kleinerer Details weiße Aquarellfarbe direkt aus der Tube, ohne Wasser hinzuzufügen.

WERDEN SIE KREATIV:

FARBERKUNDUNGEN

Die Farbtheorie mag simpel erscheinen, doch ist sie ein entscheidender Faktor in der Kunst – das gilt besonders für die Aquarellmalerei! Wie Sie auf den Seiten 22–23 gelernt haben, sind Rot, Gelb und Blau die Primärfarben, und die Kombination dieser Farben in verschiedenen Formen ergibt den Farbkreis. Farben, die einander auf dem Rad direkt gegenüberliegen, sind Komplementärfarben.

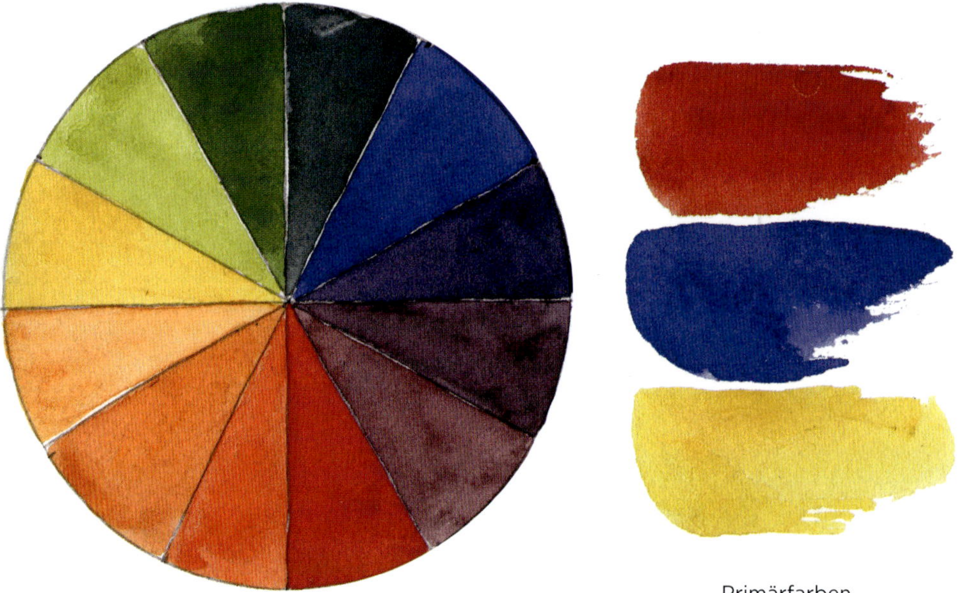

Primärfarben

Aufgabe

1. Machen Sie sich zunächst mit den Primärfarben auf Ihrer Palette vertraut. Erstellen Sie einen vollständigen Farbkreis, indem Sie aus nur diesen drei Farben alle anderen Farben mischen.
2. Mischen Sie verschiedene Farbkombinationen auf dem Rad. Was passiert, wenn Sie Komplementärfarben mischen?
3. Versuchen Sie, ein Bild mit kräftigen, leuchtenden Farben aus dem Farbkreis zu malen. Malen Sie dann genau dasselbe Bild mit Farben, die durch ihre Komplementärfarben gedämpft sind.

Durch die Zugabe von verschiedenen Farbanteilen lässt sich aus nur zwei Farben eine breite Palette von Farbtönen erzeugen.

Hier sehen Sie zwei Kombinationen von Komplementärfarben: Rot + Grün und Blau + Orange. Durch die richtige Mischung der Farben entsteht eine gedämpfte, abgetönte Version dieser Farben.

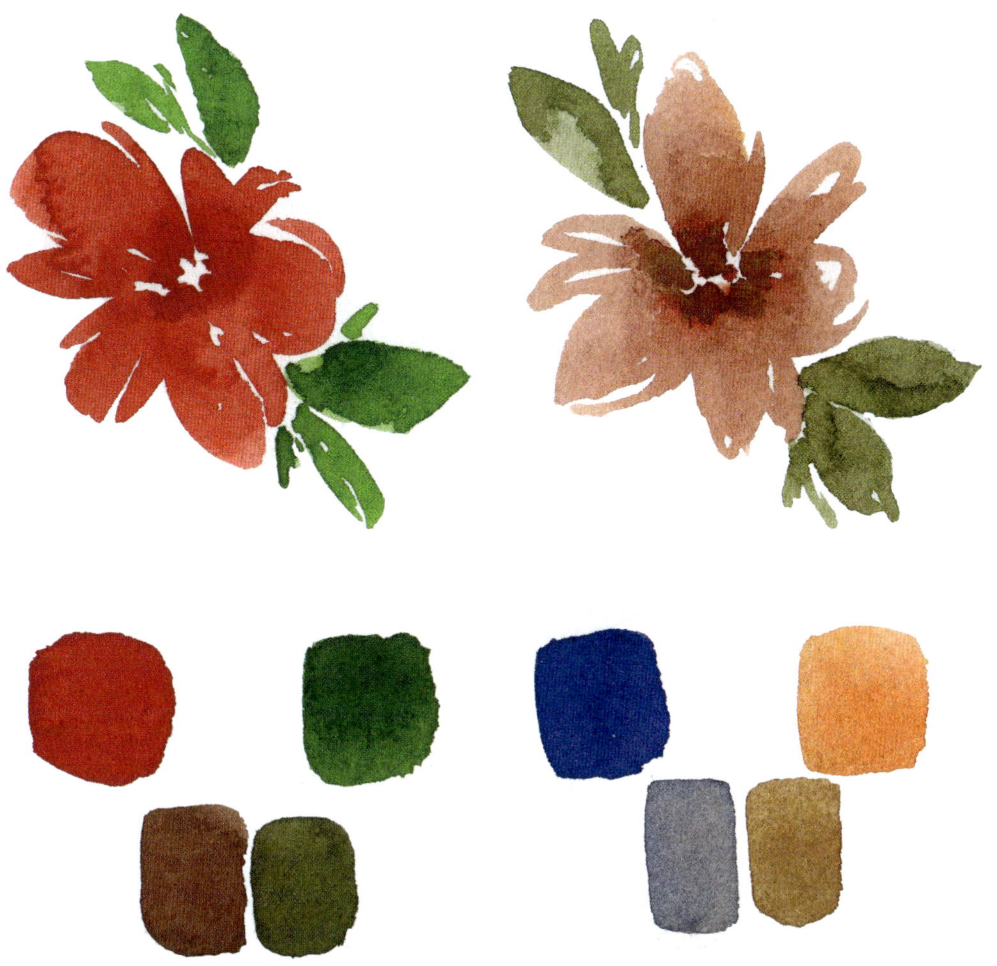

Kräftige und helle Farben aus dem Farbkreis

Gedämpfte Farben mit Komplementärfarben abgetönt

Die Komplementärfarbe einer Farbe eignet sich ideal, um genaue Texturen und Schatten auf einem Objekt zu erzeugen.

WERDEN SIE KREATIV:

VIER PALETTEN

Beim kreativen Arbeiten kann es passieren, dass man es sich mit seinen Gewohnheiten und Techniken zu bequem macht und dabei vergisst, neue Wege zu beschreiten. Ein Bereich, auf den dies besonders zutrifft, ist die Farbpalette. Sie neigen zum Beispiel dazu, viele Grün-, Blau- und Gelbtöne zu verwenden, aber manchmal möchten Sie mit Ihrem Gemälde ein anderes Gefühl ausdrücken.

Die Farbtöne eines Gemäldes haben einen direkten Einfluss darauf, wie es vom Betrachter wahrgenommen wird. Helle und kräftige Farben wirken fröhlich und frech, kühle und gedämpfte Farben hingegen ruhig und geordnet.

Aufgabe

1. Suchen Sie sich für diese Übung ein Motiv Ihrer Wahl aus. Wählen Sie etwas Einfaches wie ein Stück Obst, Ihr Lieblingstier oder eine Blume.
2. Malen Sie zunächst mit einer Palette aus kühlen Tönen: Blau, Violett und sattes Grün (gegenüberliegende Seite, oben links).
3. Nun malen Sie mit einer warmen Farbpalette: Rot-, Gelb- und Orangetöne (gegenüberliegende Seite, oben rechts).
4. Jetzt malen Sie mit einer Mischung aus kühlen und warmen Tönen, aber halten Sie sie hell: Blau-, Gelb-, Rot- und Grüntöne (gegenüberliegende Seite, unten links).
5. Zuletzt malen Sie wieder mit einer Mischung aus kühlen und warmen Farben, aber dämpfen Sie die Farben mithilfe ihrer Komplementärfarben: Blautöne (Orange hinzufügen), Rottöne (Grün hinzufügen) und so weiter (gegenüberliegende Seite, unten rechts).
6. Anhand dieser Übung erkennen Sie, welch unterschiedliche emotionale Wirkung derselben Szene allein aufgrund der Farben entsteht. Sie werden vielleicht überrascht sein, welche Farben Ihnen am besten gefallen!

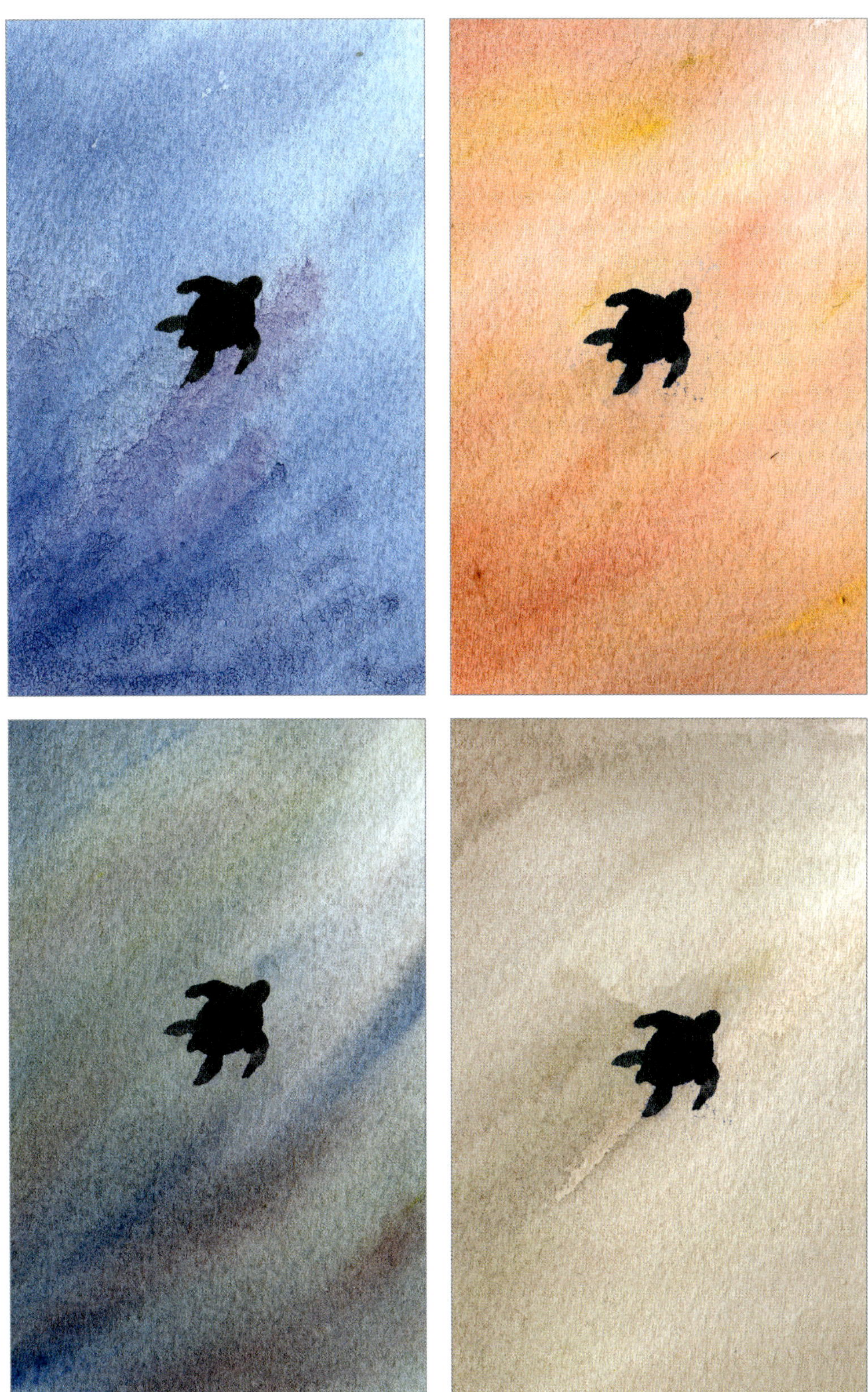

PINSELSTRICHE & FORMEN

PINSELSTRICHE

Mark Making bedeutet das Erzeugen von unterschiedlichen Formen, Texturen, Mustern und Linien, um Kunst zu erschaffen. In der Aquarellmalerei gibt es viele Arten von Pinseln, die Sie zum Arbeiten verwenden können. Jeder Pinsel ist für einen bestimmten Zweck gedacht und erzeugt einen anderen Pinselstrich. Werfen wir einen Blick darauf, wie Sie Pinsel für das Mark Making verwenden können und welche verschiedenen Markierungen Pinsel erzeugen können!

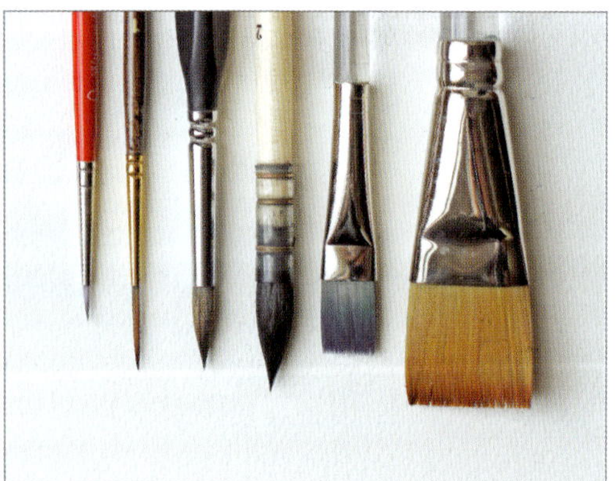

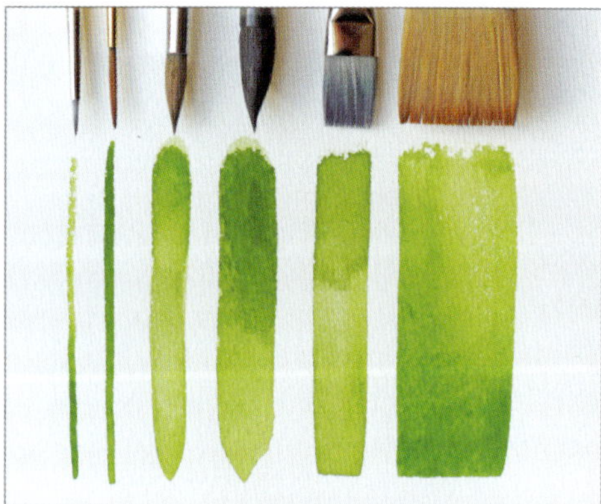

Verwenden Sie unterschiedliche Pinsel, um die einzelnen Pinselstriche zu üben, die in diesem Abschnitt vorgestellt werden.

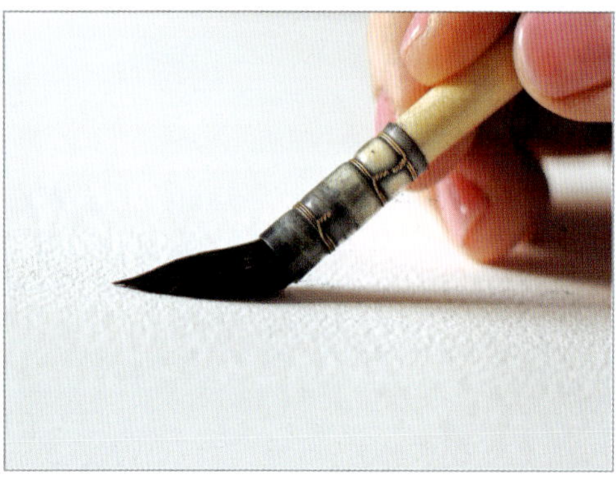

Für breite Pinselstriche üben Sie Druck auf den Pinsel aus, um den gesamten Haarkörper auf das Papier zu pressen.

Für dünne Pinselstriche üben Sie nur leichten Druck auf den Pinsel aus, sodass nur die Spitze der Borsten das Papier berührt.

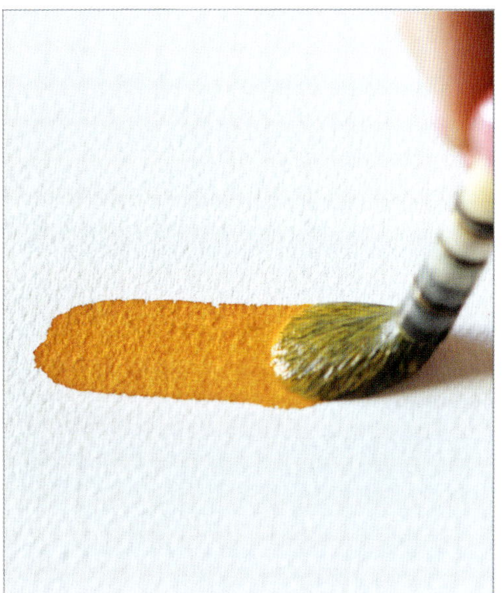

Füllen Sie den Rundpinsel mit Farbe und drücken Sie den ganzen Haarkörper mit leichtem Druck auf das Papier. Ist dieser Pinselstrich nicht wunderschön?

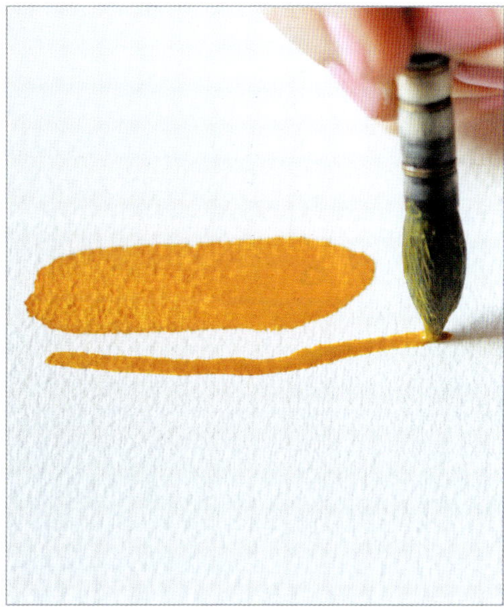

Ziehen Sie nun mit der Spitze des Rundpinsels mit ganz wenig Druck eine sehr dünne Linie. Der Kontrast zwischen den Strichen ist erstaunlich!

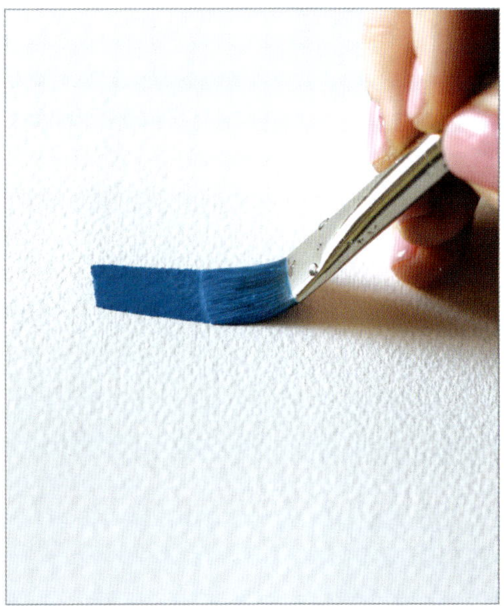

Füllen Sie einen Flachpinsel mit Farbe und drücken Sie den Haarkörper mit leichtem Druck auf das Papier. Ein Flachpinsel erzeugt einen schönen, hartkantigen Strich im Vergleich zu dem weichen, runden Strich des Rundpinsels.

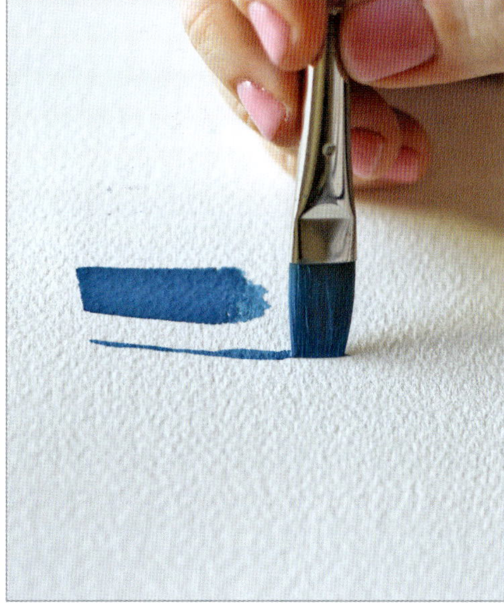

Der Flachpinsel erzeugt auch schöne dünne Linien, wenn Sie nur die Spitze der Borsten verwenden.

Die Art, wie Sie den Pinsel halten, hat ebenfalls großen Einfluss auf Ihre Pinselstriche. Anhand der Beispiele unten lässt sich erkennen, wie je nach Griff die Handhabung des Pinsels variiert.

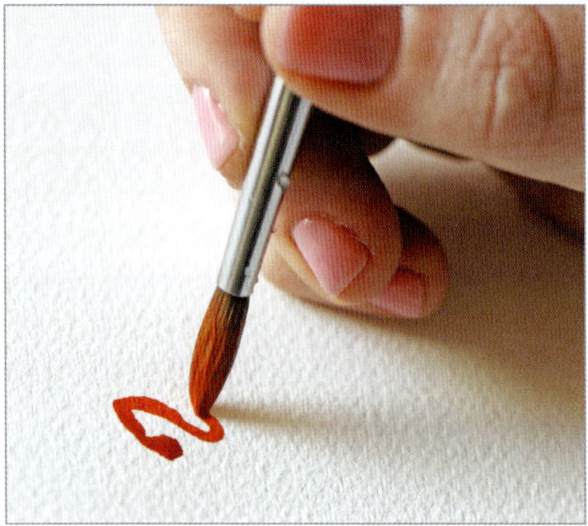

Halten Sie den Pinsel weit vorn, um präzise Details zu malen. Die stützenden Finger nahe der Borsten erlauben Ihnen eine bessere Kontrolle.

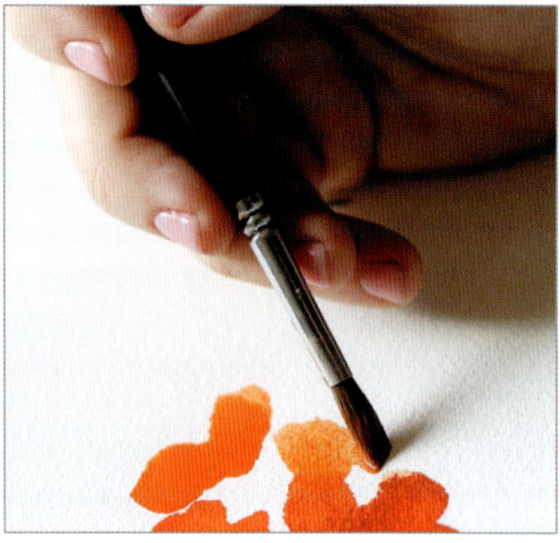

Halten Sie den Pinsel höher, um freier und lockerer zu malen. Dieser Griff bietet nicht die gleiche Stabilität und eignet sich perfekt für lose Malereien.

Jeder Pinsel, egal ob Sie die Spitze oder den Körper verwenden, kann eine Vielzahl von Markierungen erzeugen. Hier sehen Sie die Ergebnisse von drei verschiedenen Pinseln: einem Schlepper-, einem Rund- und einem Flachpinsel. Überlegen Sie, wie sich diese Markierungen in Ihrem Kunstwerk einsetzen lassen.

Der Flachpinsel erzeugt sehr geometrische und eckige Formen mit abgehackten, dünnen Linien. Der Rundpinsel liefert glatte, geschwungene Formen, die locker wirken. Der Schlepperpinsel eignet sich perfekt für lange, durchgehende Linien und lässt sich auch für Texturen verwenden, wenn Sie Druck auf den gesamten Haarkörper ausüben.

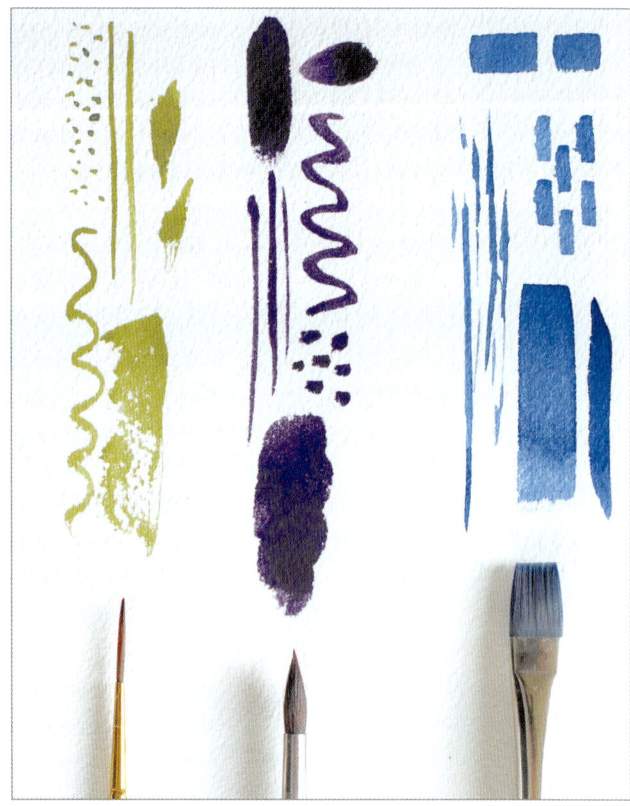

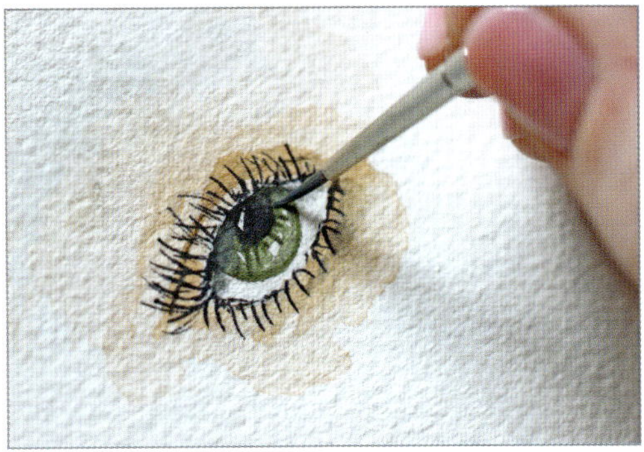

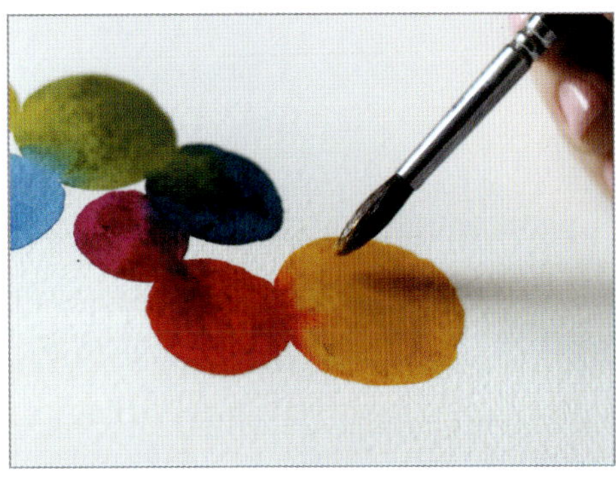

PUNKTIERER

Verwenden Sie Punktierer und andere feine Pinsel für Detailarbeiten an großen und kleinen Gemälden. Aufgrund der kurzen Borsten lassen sich diese Spitzen nicht so leicht biegen. Dies ist perfekt, um kleine, präzise Linien zu ziehen.

RUNDPINSEL

Rundpinsel sind ungemein vielseitig. Sie können damit alles von losen Hintergründen über Linien und Details bis hin zu Blumen, Gebäuden und Formen malen.

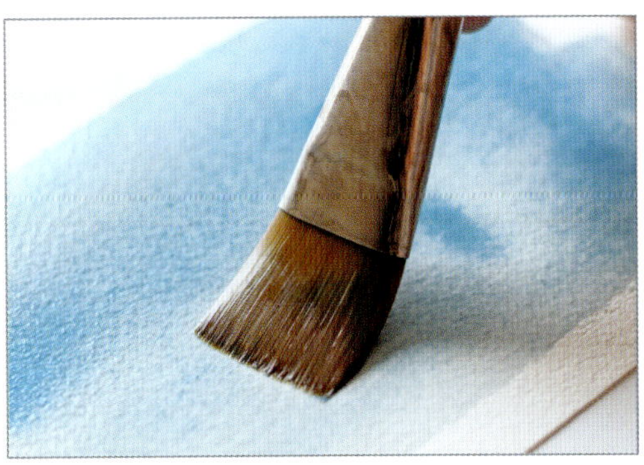

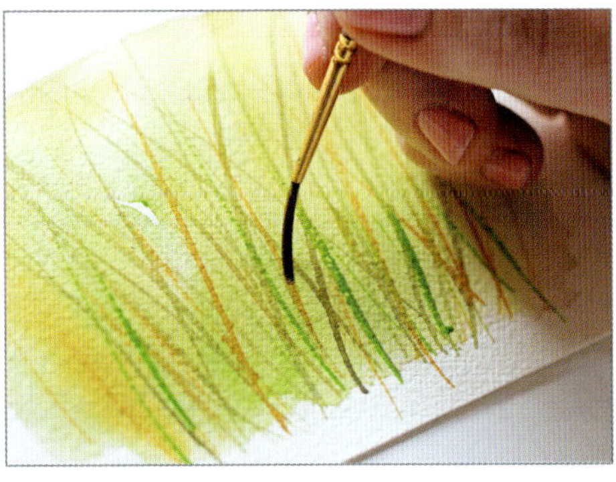

FLÄCHENSTREICHER

Verwenden Sie einen Flächenstreicher zum Einfärben großer Flächen. Er eignet sich hervorragend, um den Himmel zu malen oder eine Grundfarbe über eine große Fläche aufzutragen.

SCHLEPPERPINSEL

Dieser Pinsel ist perfekt für lange, glatte Linien. Die langen Borsten gleiten locker dahin und eignen sich damit bestens für Stämme, Stangen, Schnüre, Linien und Gras.

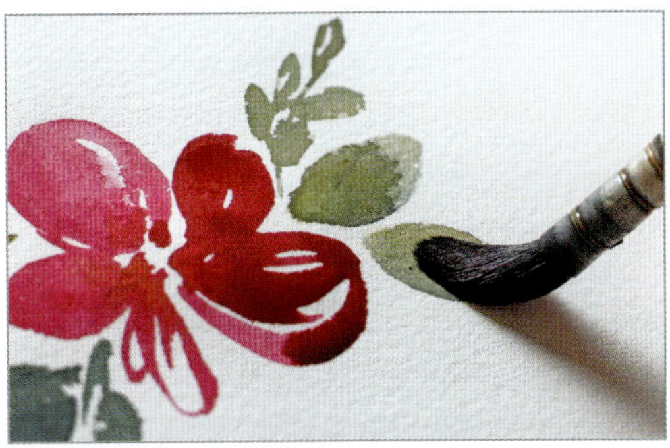

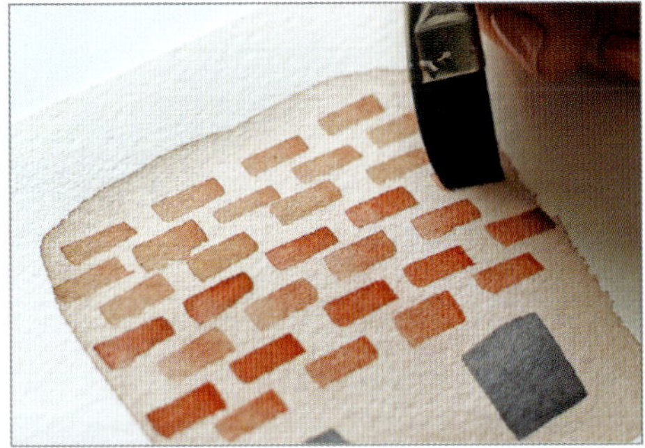

DICKER RUNDPINSEL

Dieser Pinsel hat lose Borsten, die das Malen von lockeren Blumen und Pflanzen erlauben. Zugleich eignet sich die feine Spitze für schmale Linien.

FLACHPINSEL

Der Flachpinsel ist perfekt für scharfe Linien und geometrische Formen. Er ist sehr praktisch beim Malen von Türen, Fenstern und Ziegeln.

LETTERING

Die Grundprinzipien des Pinselstrichs gelten auch für Schriftzüge. Sie können sowohl den Haarkörper als auch die Spitze des Pinsels verwenden und den Druck in den Pinselstrichen variieren. Aquarellfarben verleihen einem Schriftzug Ausdruckskraft und Textur.

Wassertankpinsel sind praktisch beim Gestalten von Schriftzügen in Aquarellfarben. Seine superfeine Spitze ist perfekt für schmale Linien, lässt sich für dickere Pinselstriche aber auch nach unten drücken.

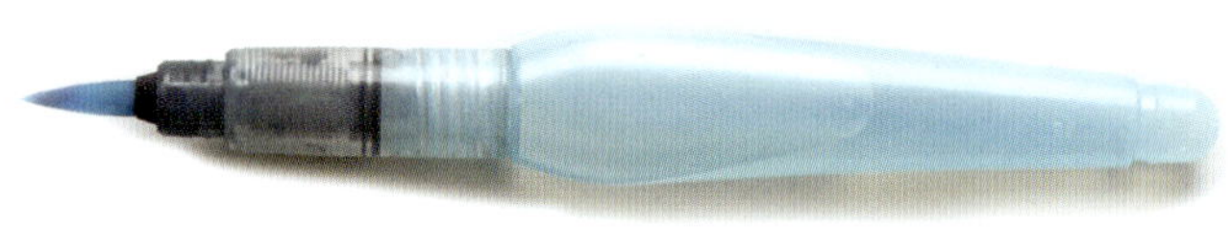

Aufwärtsstriche

Abwärtsstriche

Beim Lettering kommen Aufwärts- und Abwärtsstriche zum Einsatz. Abwärtsstriche sind dick, Aufwärtsstriche dünn. Sie können Ihr Wissen über Pinselstriche auch bei den Abwärts- und Aufwärtsstrichen der Buchstaben anwenden.

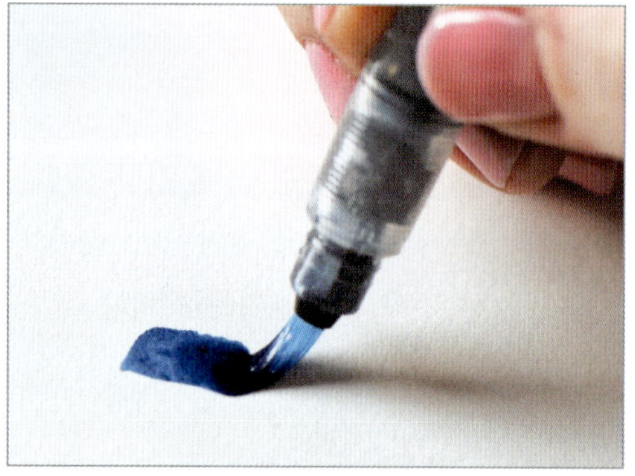

Drücken Sie auf den ganzen Haarkörper auf, um dicke Linien zu erzeugen. Dies sind die Abwärtsstriche der Buchstaben.

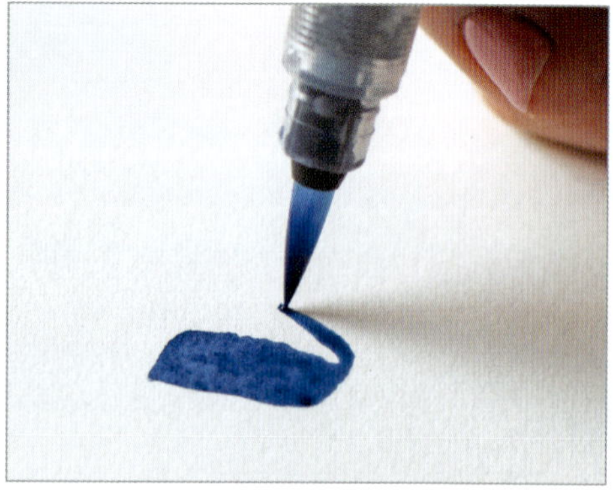

Verwenden Sie die Spitze der Borsten für dünne Linien. Dies sind die Aufwärtsstriche der Buchstaben.

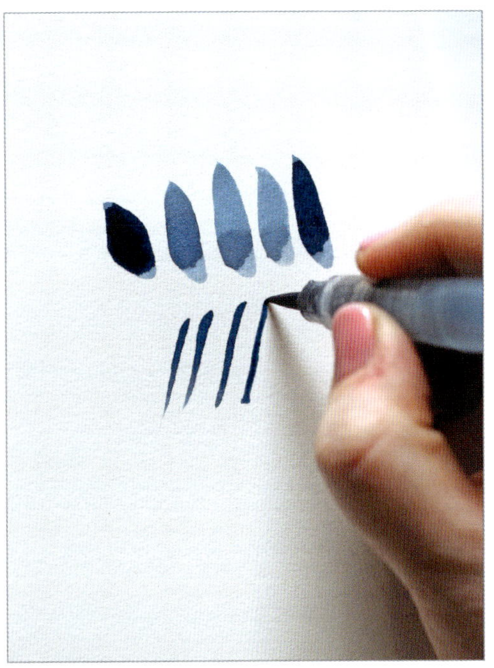

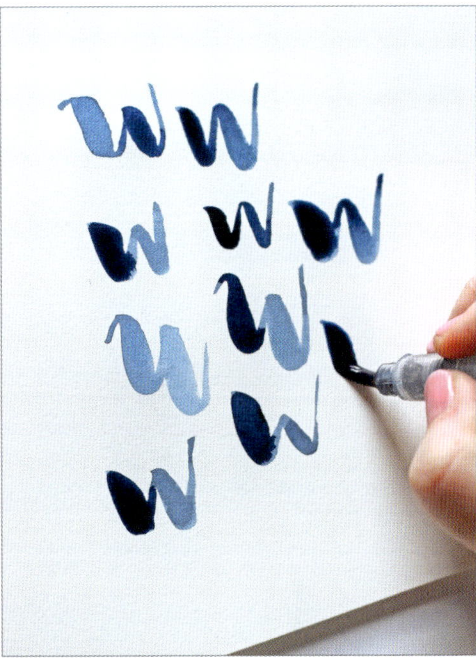

Üben Sie dicke Abwärtsstriche mit dem Haarkörper und leichte Aufwärtsstriche mit der Spitze. Versuchen Sie dann, beides miteinander zu verbinden, indem Sie einen durchgehenden, sanften Übergang vom Abwärtsstrich zum Aufwärtsstrich und wieder zum Abwärtsstrich erzeugen. Der Buchstabe „W“ ist perfekt für diese Übung geeignet.

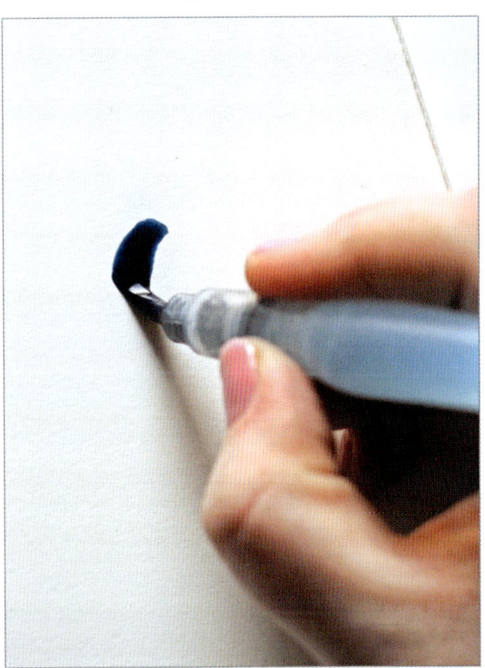

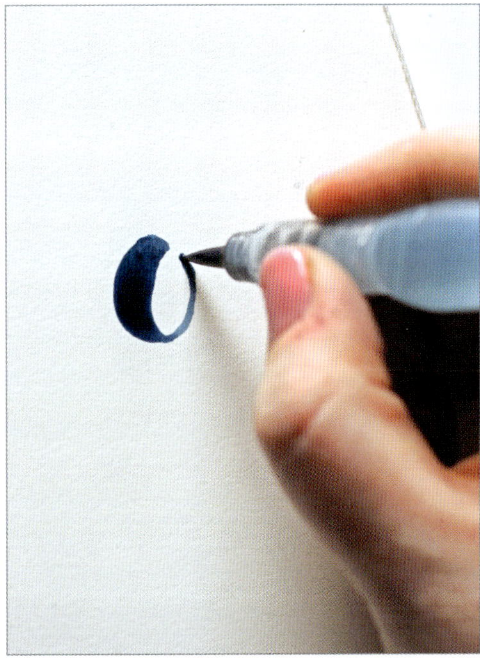

Üben Sie als Nächstes geschwungene Buchstaben wie ein „O“. Wenn Sie das Ende des dicken Abwärtsstrichs erreichen, gehen Sie auf dem Rückweg zu einem dünnen Aufwärtsstrich über, um den Buchstaben zu vervollständigen.

Beim Lettering können Sie verschiedenste Schriftstile ausprobieren. Auch die Wahl des Papiers ist für das Aussehen der Schrift entscheidend. Raues, kaltgepresstes Papier ergibt ein sehr strukturiertes Aussehen. Glattes, heißgepresstes Papier sorgt für ein glattes, sauberes Bild. Beides eignet sich für eine Vielzahl von Projekten.

Unten finden Sie Beispiele für Schriftzüge auf rauem, kaltgepresstem Aquarellpapier.

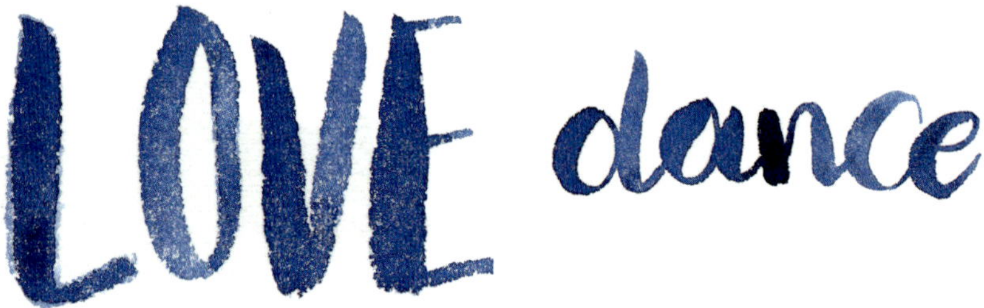

Die unten stehenden Wörter sind Beispiele für Schriftzüge auf glattem, heißgepresstem Aquarellpapier.

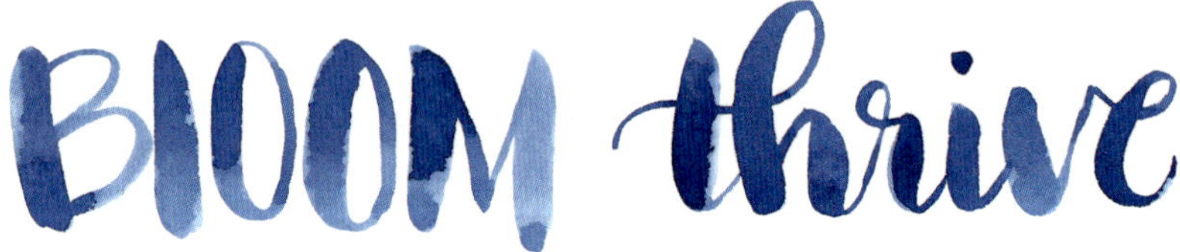

Üben Sie das Wort „Wasser“ mit einer kursiven Schrift auf glattem, heißgepresstem Aquarellpapier. Wenn Sie möchten, können Sie den Schriftzug vor dem Malen mit Bleistift skizzieren. Achten Sie darauf, ob Sie einen Aufwärts- oder Abwärtsstrich malen, und passen Sie Ihren Druck entsprechend an.

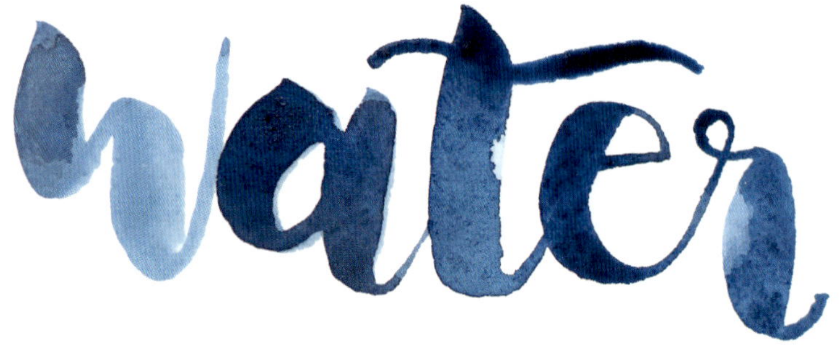

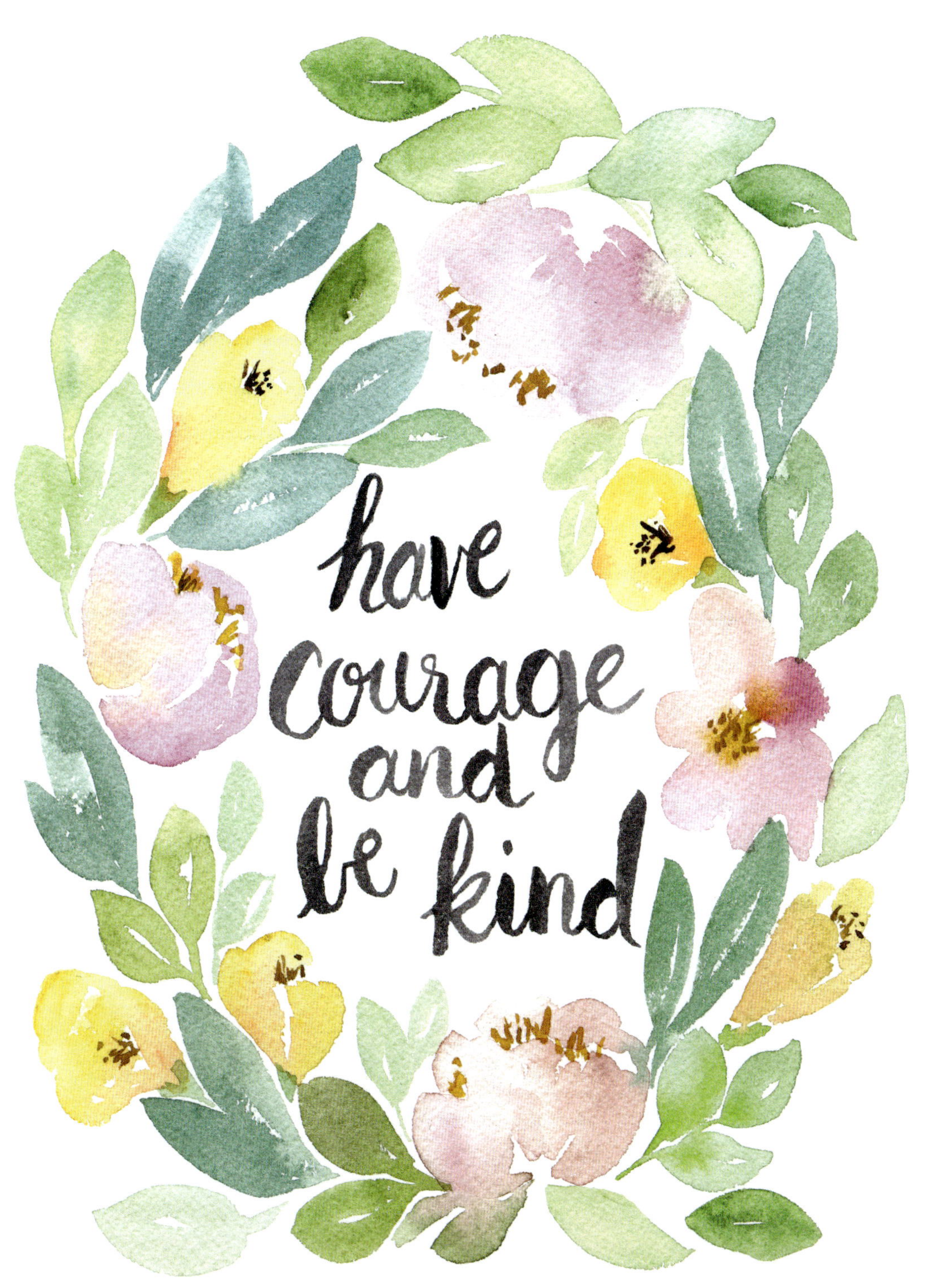
have
courage
and
be kind

FORMEN

Kreise & Ovale

Kreise und Ovale können es ganz schön in sich haben. Am einfachsten ist es, zuerst den Umriss zu malen und ihn dann mit einem Rundpinsel auszufüllen.

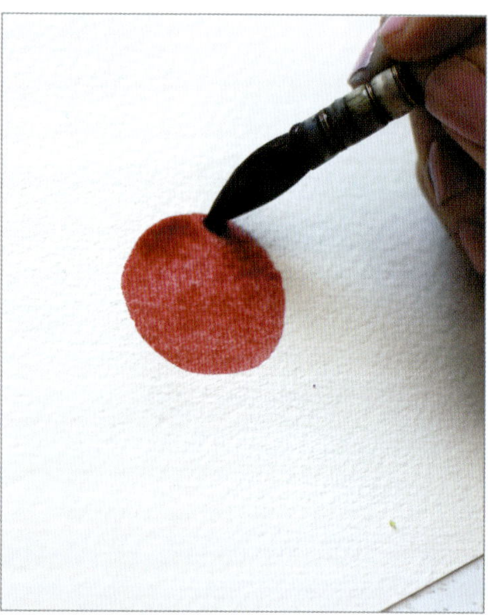

Mit etwas Übung werden Sie feststellen, dass Sie nahezu perfekte Kreise malen können.

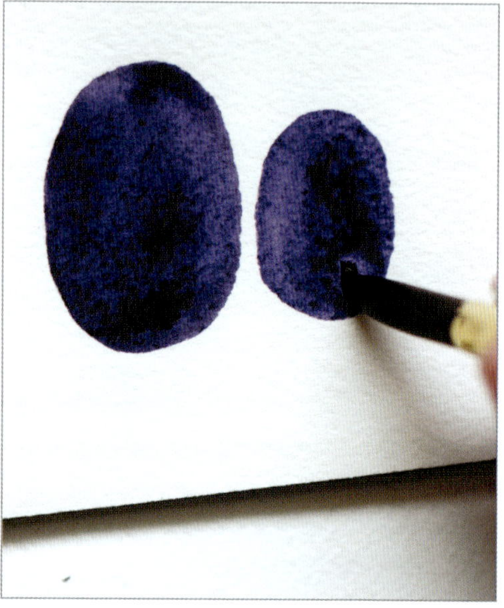

Kreise und Ovale finden sich überall in Mustern und in der Natur. Mit etwas Grundwissen über diese Form werden Sie sie problemlos in Ihren Werken meistern.

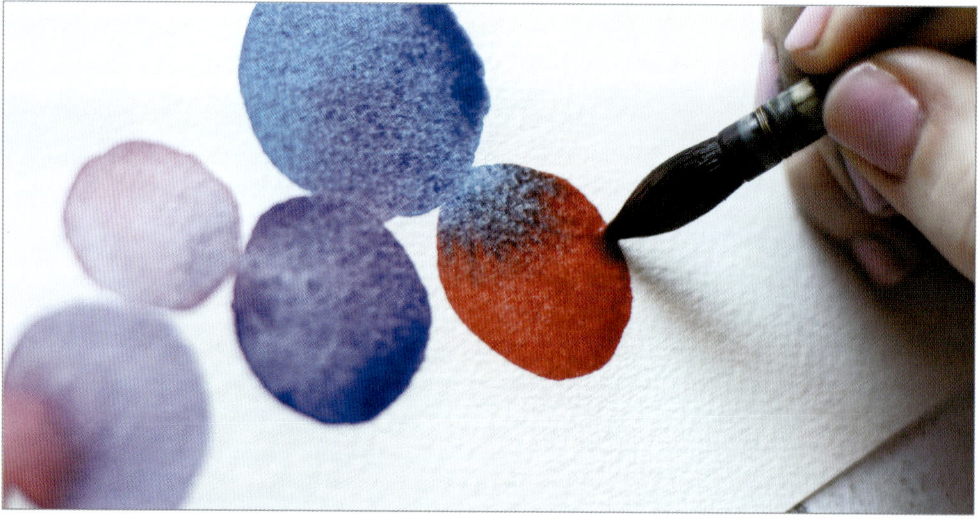

Malen Sie zum Aufwärmen Kreise, bevor Sie mit einem neuen Bild beginnen. Diese Übung ist auch empfehlenswert, wenn Sie sich mit einem neuen Pinsel vertraut machen möchten.

Dreiecke & Drachenformen

Dreiecke und Drachenformen sind zwar eckiger als Kreise, aber auch sie lassen sich leichter malen, wenn Sie zuerst die Umrisse zeichnen und dann ausfüllen.

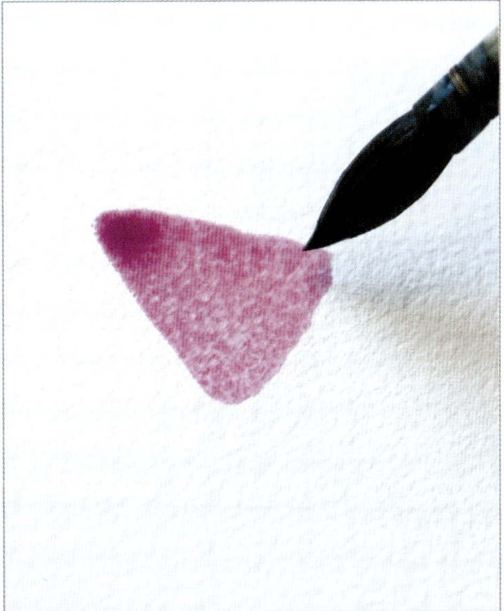

Verwenden Sie zum Malen einen Rundpinsel.

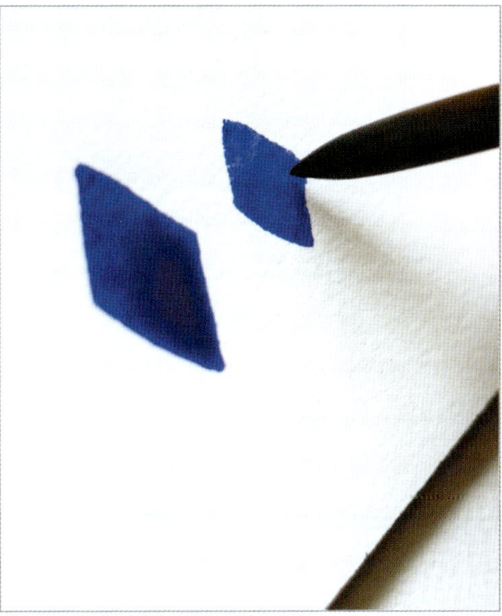

Dreiecke und Drachenformen kommen häufig in geometrischen Mustern und in stärker strukturierten Objekten wie etwa Gebäuden vor.

Malen Sie Dreiecke, um das Malen gerader, scharfer Linien mit Ihren Rundpinseln zu üben.

Quadrate & Rechtecke

Mit dem Flachpinsel lassen sich leicht Quadrate und Rechtecke darstellen. Kurze Striche ergeben Quadrate, längere Rechtecke. Sie können auch einen Rundpinsel verwenden, um die Umrisse der Form zu zeichnen und dann auszufüllen.

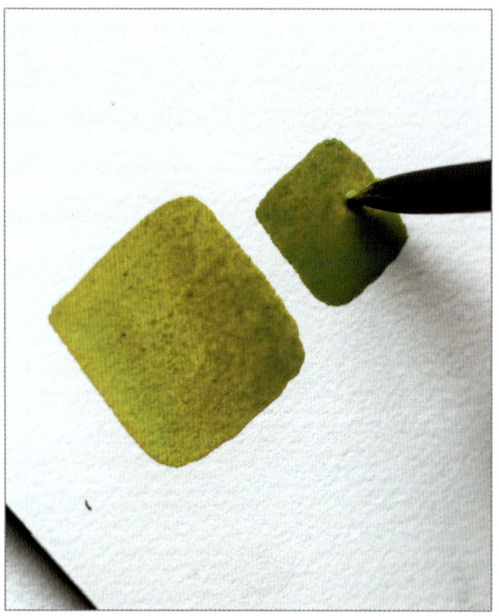

Wenn Sie einen runden Pinsel verwenden, werden die Ecken weicher.

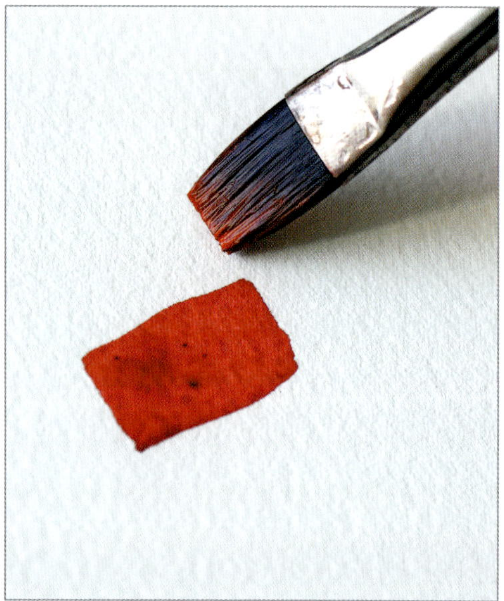

Ein Flachpinsel sorgt für schärfere Ecken.

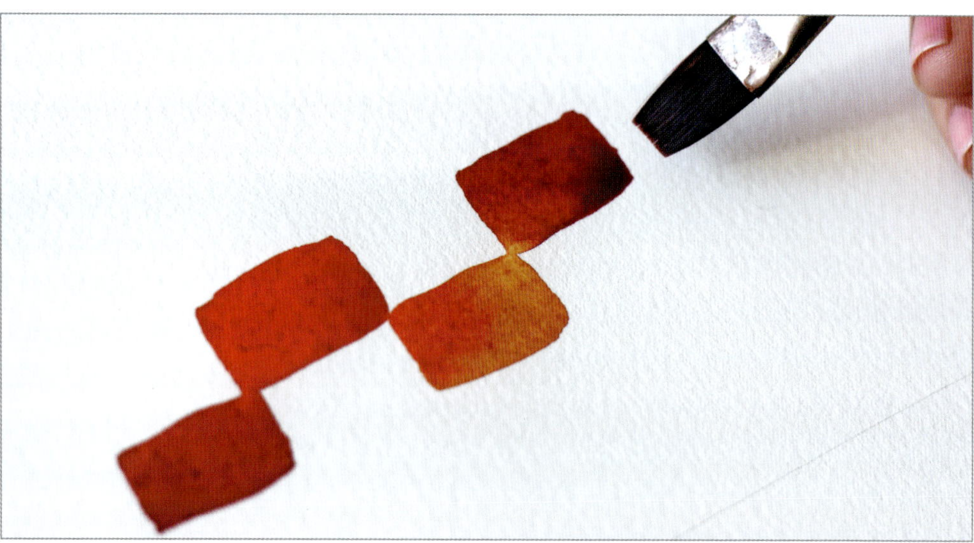

Quadrate und Rechtecke sind sehr weit verbreitet. Sie können diese geometrischen Formen in allen Arten von Strukturen, Gebäuden und sogar in der Natur entdecken.

Andere Formen

Andere Formen wie Herzen, Sterne und abstrakte Formen, sind lustig zu malen – und bieten die Möglichkeit zum freien Experimentieren.

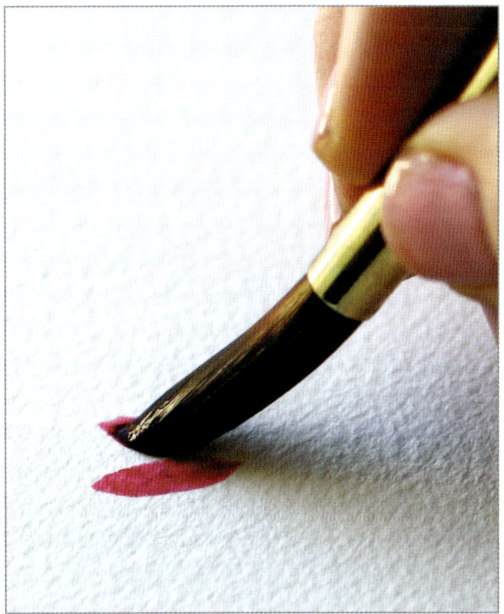

Für ein Herz drücken Sie den Rundpinsel nach unten, sodass die beiden Bögen entstehen.

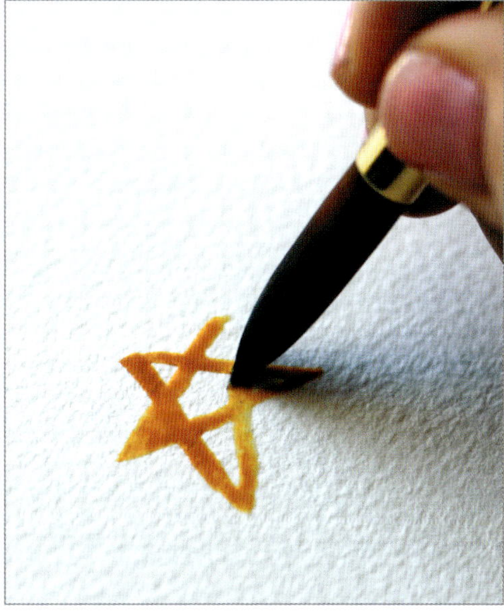

Sterne sind freihändig nur schwer hinzubekommen. Ich schlage daher vor, einen Stern im Zick-Zack zu erstellen und ihn auszufüllen.

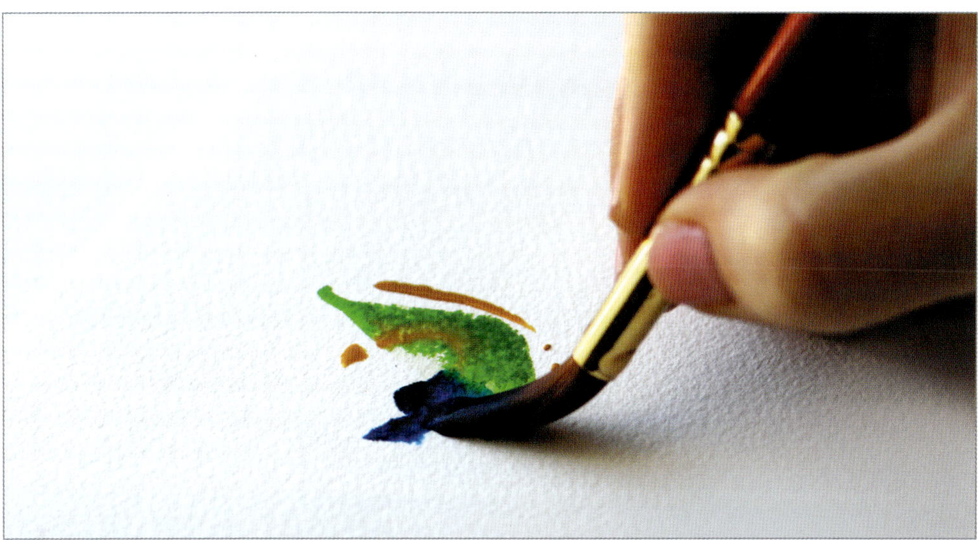

Beim Malen abstrakter Formen ist alles erlaubt. Punkte, Linien, Ovale, Tropfen – wonach auch immer Ihnen gerade zumute ist. Obwohl abstrakte Formen mit „beliebig" gleichgesetzt werden können, sollten Sie sich dennoch Gedanken über die Platzierung und den Fluss der einzelnen Formen machen.

Flächige Muster

Kreieren Sie zum Ausbau Ihrer Fähigkeiten ein flächiges Muster. Sie können mehrere Formen zu einem fröhlichen Muster-Mix kombinieren oder sich für einen einheitlicheren Look auf ein bis zwei Formen beschränken.

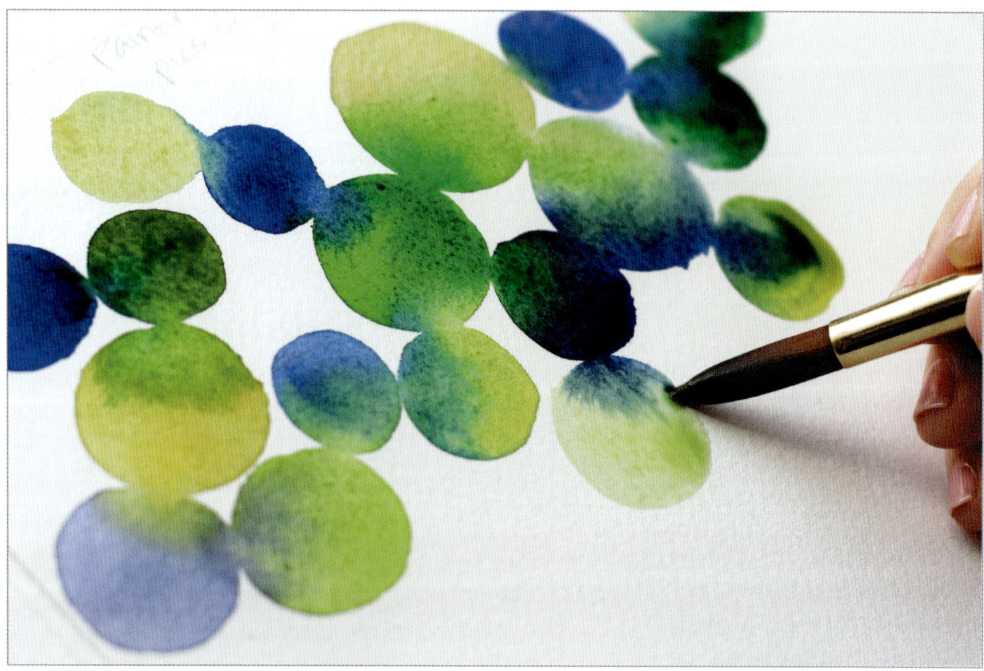

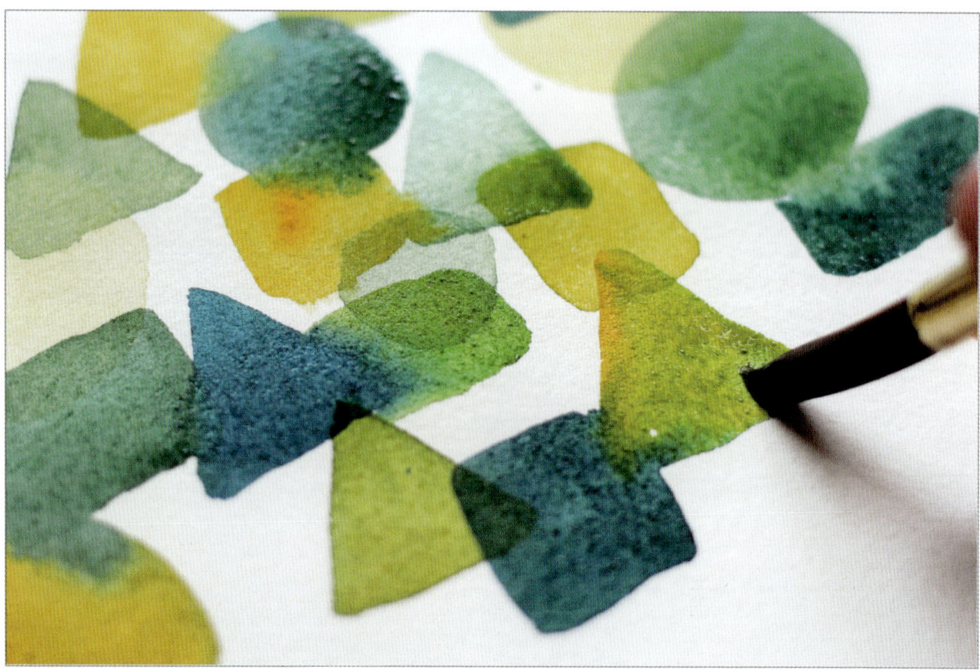

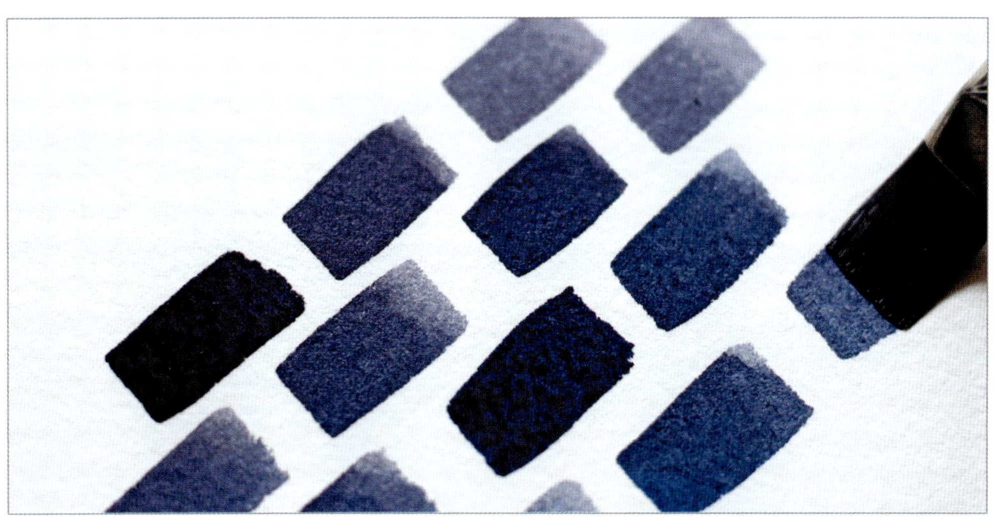

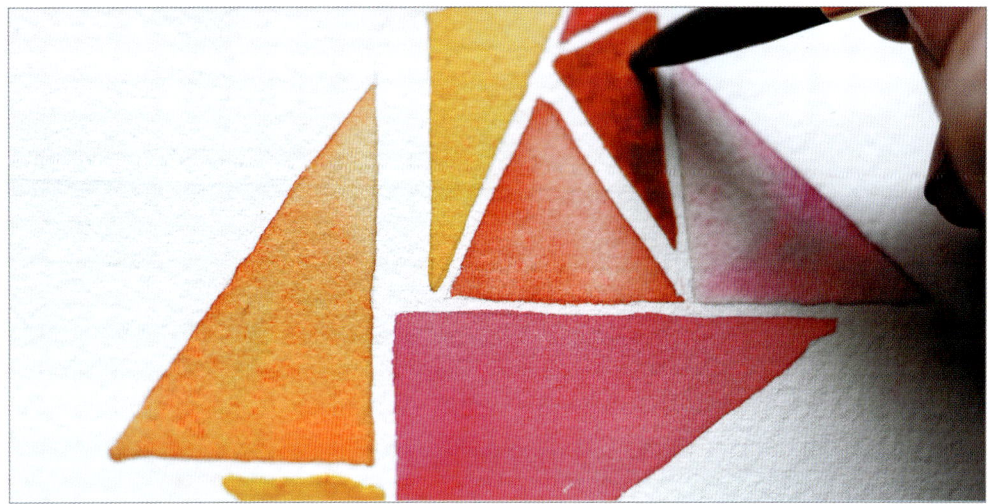

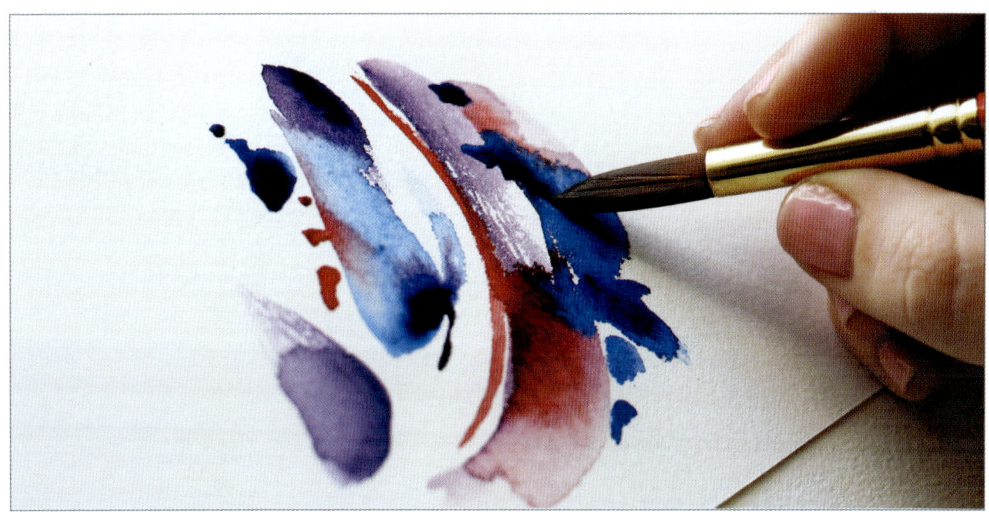

WERDEN SIE KREATIV:

BLOCK-TECHNIK

Blocktechniken sind eine interessante Möglichkeit, um Farbe abzublocken oder zu manipulieren. Sie können Abdeckflüssigkeit, weiße Kreide, Salz, Alkohol oder Abdeckband verwenden, um bestimmte Bereiche des Papiers beim Malen auszusparen.

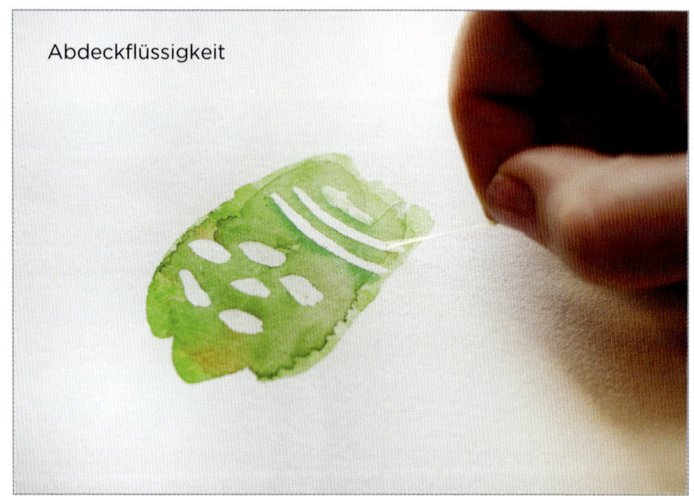
Abdeckflüssigkeit

Aufgabe

1. Tragen Sie die Abdeckflüssigkeit einfach auf die Stelle auf, die weiß bleiben soll. Lassen Sie sie trocknen, dann können Sie direkt darüber malen. Nach dem Trocknen können Sie die Abdeckflüssigkeit vorsichtig abziehen oder abreiben, sodass das weiße Papier darunter zum Vorschein kommt.
2. Versuchen Sie es jetzt mit Abdeckband. Kleben Sie einfach einen Streifen Abdeckband auf Ihr Papier und malen Sie darüber. Lassen Sie die Farbe vollständig trocknen, bevor Sie das Band vorsichtig schräg abziehen, damit das Papier nicht einreißt.
3. Experimentieren Sie damit, wie Salz mit nasser Farbe reagiert. Gestalten Sie eine Farblage in einer beliebigen Farbe. Streuen Sie Salz über die nasse Farbe und lassen Sie das Ganze trocknen. Nach dem Trocknen wischen Sie das Salz mit der Hand weg, und die einzigartige Textur wird sichtbar.
4. Kreieren Sie mit Alkohol interessante fedrige Formen in einem Aquarell. Gestalten Sie eine Farblage in einer beliebigen Farbe. Spritzen Sie mit einem Pinsel Isopropylalkohol auf, solange die Farbe noch feucht ist.

Abdeckflüssigkeit strapaziert die Borsten Ihres Pinsels. Benutzen Sie daher für die Abdeckflüssigkeit eigens einen älteren oder billigeren Pinsel. Sparen Sie Ihre schönen Pinsel fürs Malen auf!

Alkohol

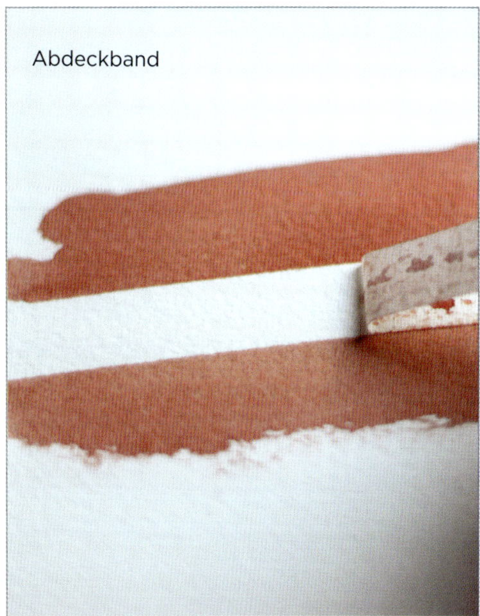
Abdeckband

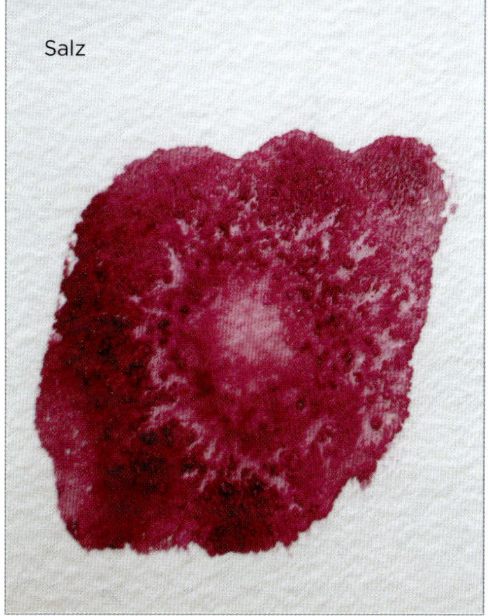
Salz

PROBIEREN SIE DAS!

Wasser und Wachs stoßen sich ab. Wenn Sie zunächst mit Wachsmalstiften auf Papier zeichnen, perlt die Farbe am Wachs ab. Malen Sie mit einer weißen (oder andersfarbigen) Wachskreide auf Aquarellpapier und tragen Sie Aquarellfarbe über dem Wachs auf. Beim Malen werden Sie feststellen, dass die Farbe an den zuvor mit Kreide gezeichneten Formen abperlt.

BLUMEN

PFINGSTROSEN

Denken Sie daran, dass eine Blume einem Kegel ähnelt und alle Blütenblätter zur Mitte hin zeigen. Benutzen Sie den Pinselkörper für die geschwungenen oberen Ränder der Blütenblätter und die Pinselspitze, um das Blütenblatt spitz zulaufen zu lassen. Setzen Sie helle und dunkle Tonwerte ein, um Abwechslung und Tiefe zu schaffen. Fügen Sie obere Schichten von Blütenblättern mit einer helleren Lasur hinzu. Sie können einen Farbverlauf erzeugen, indem Sie die gelben Staubblätter hinzufügen, während die rosa Farbe noch nass ist. Oder Sie lassen die Blütenblätter trocknen, bevor Sie die Staubblätter hinzufügen.

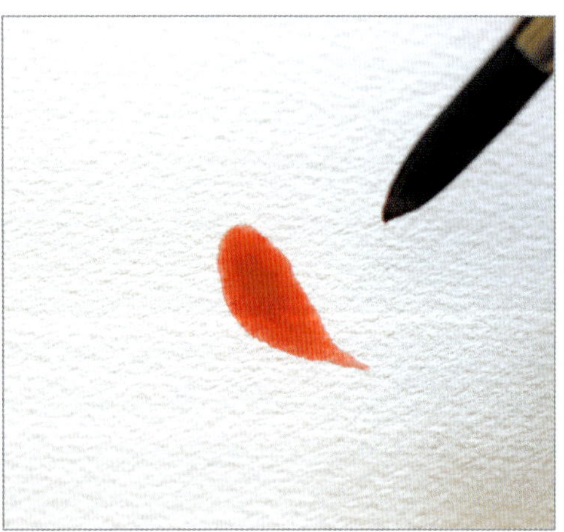

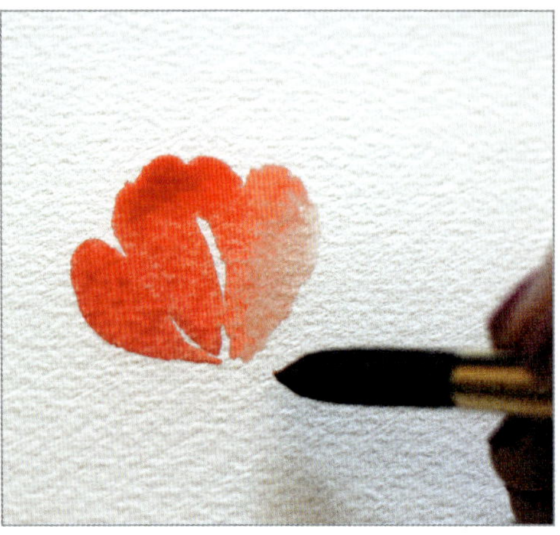

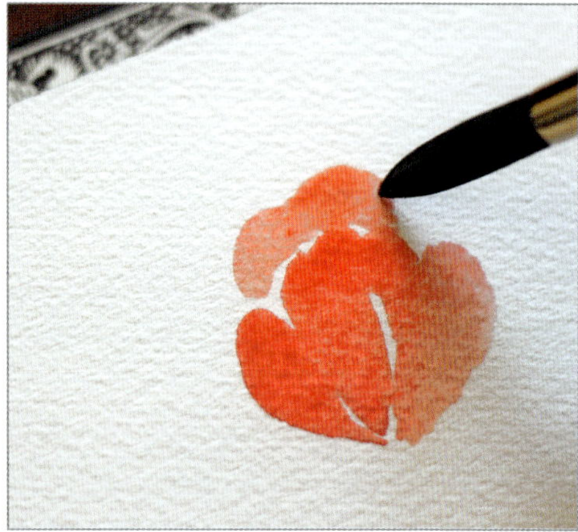

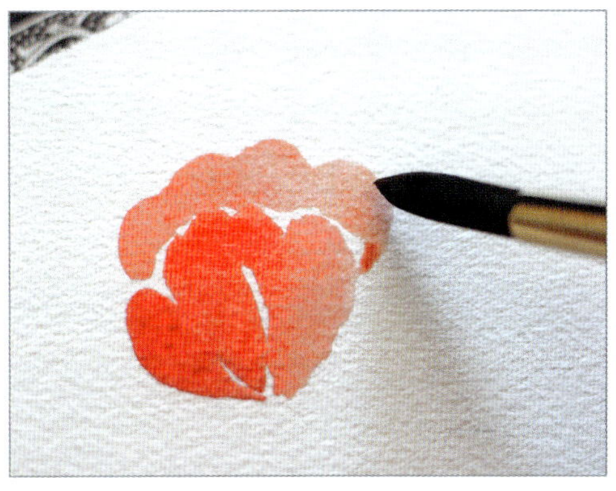

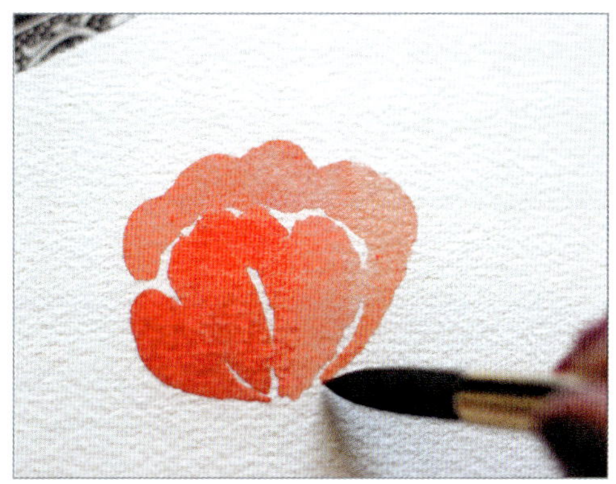

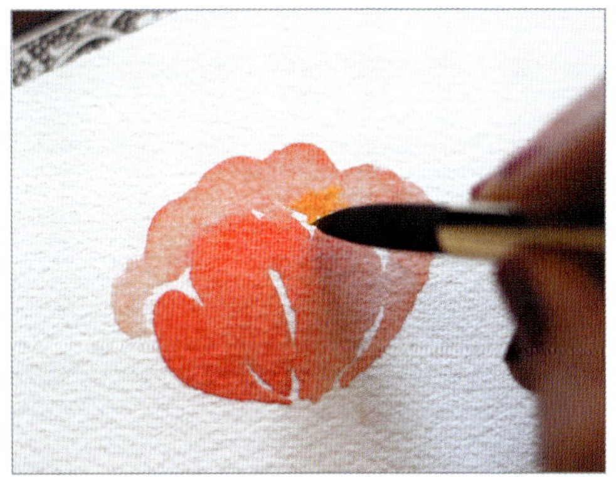

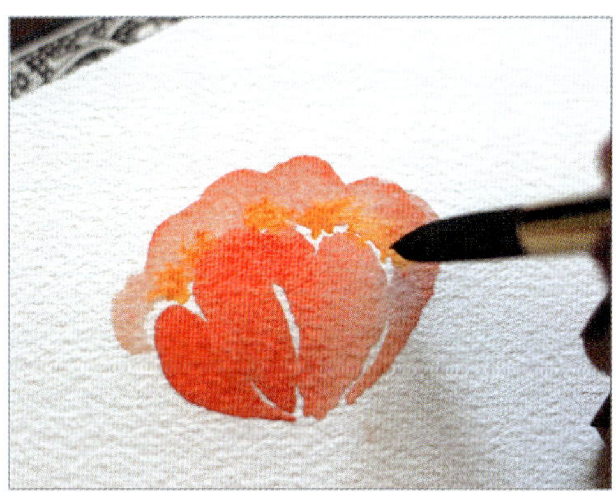

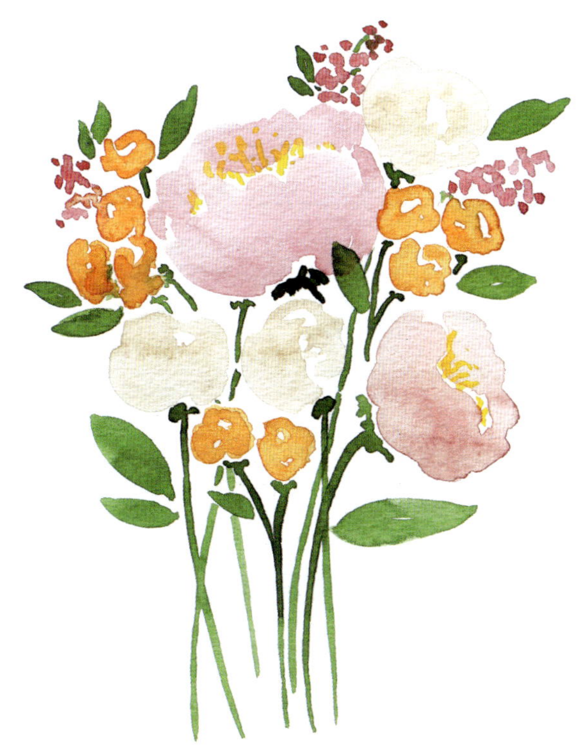

ROSE

Beginnen Sie mit einem kleinen Kreis in der Mitte und drei Linien um ihn herum. Gestalten Sie geschwungene Formen, die an einer Seite voluminöser sind. Ordnen Sie die Blütenblätter so an, dass sich die Schichten nicht überlagern. Fügen Sie weitere Schichten hinzu, bis die Blume die gewünschte Größe hat.

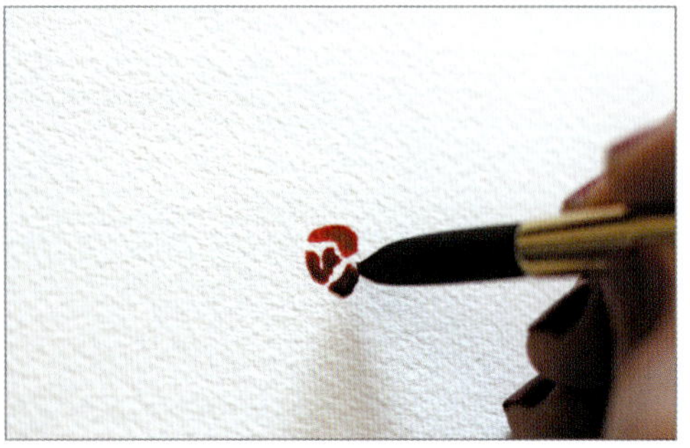

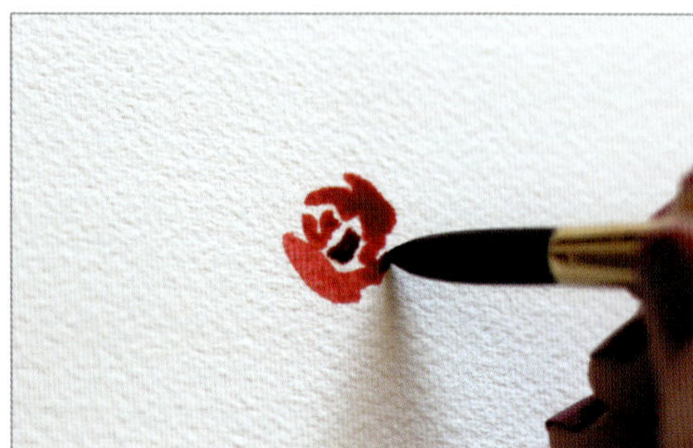

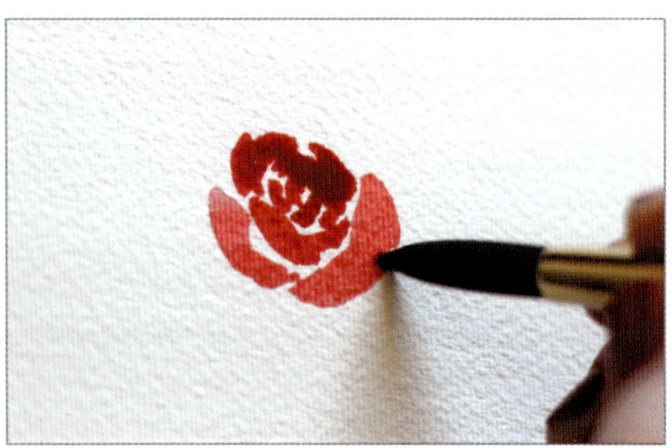

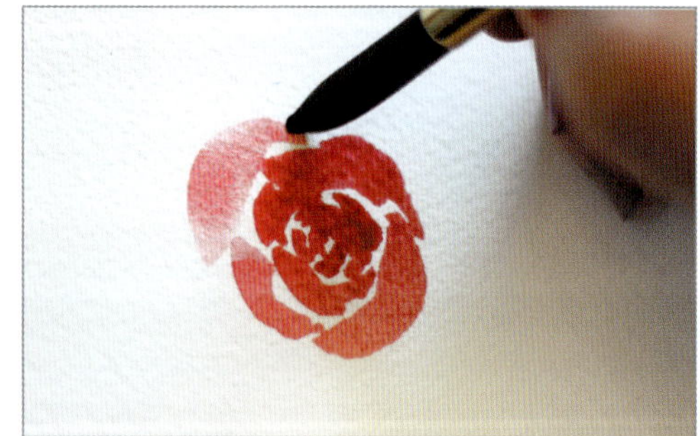

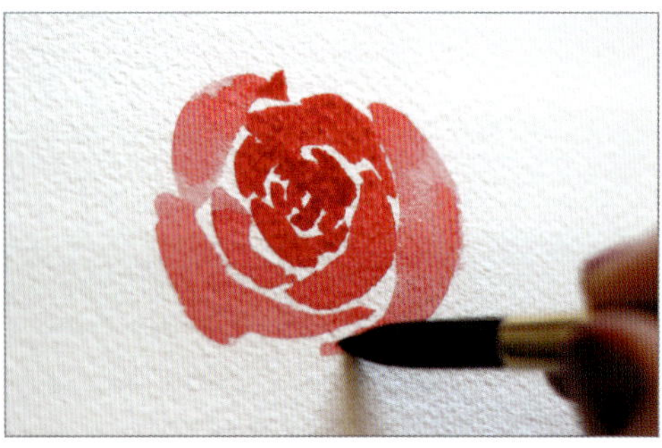

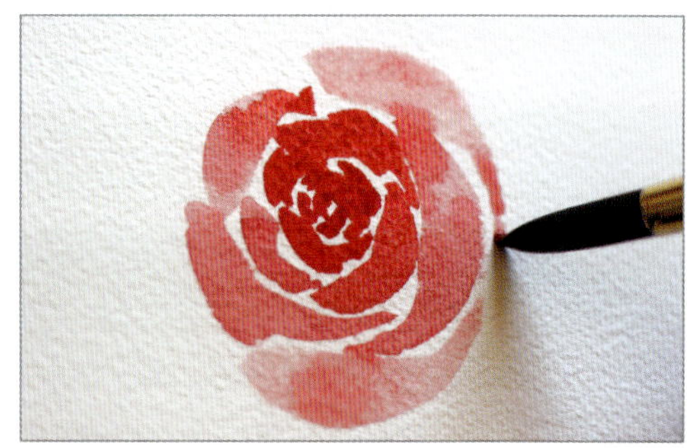

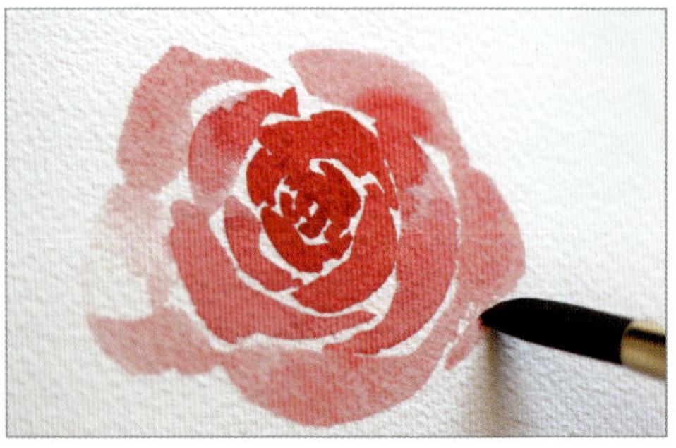

TIPP

Verwenden Sie von der Mitte nach außen hin weniger Pigmente und mehr Wasser, um Tiefe zu erzeugen.

OFFENE BLUMEN

Bei offenen Blumen wie Schmuckkörbchen und Stiefmütterchen malen Sie ein Blütenblatt nach dem anderen, bis Sie die gewünschte Form erhalten. Variieren Sie die Größe der Blütenblätter, um ein naturgetreues Aussehen zu erzielen. Lassen Sie etwas Raum dazwischen frei, um jede einzelne Form zu verdeutlichen. Fügen Sie mehr Pigment hinzu, um die Farbe der Blütenblätter interessanter und abwechslungsreicher zu gestalten.

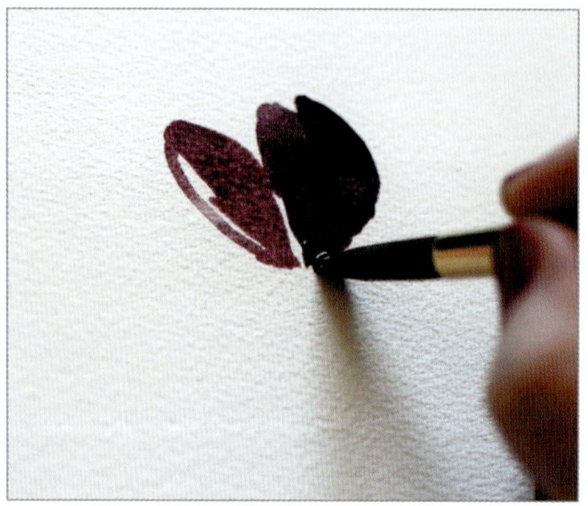
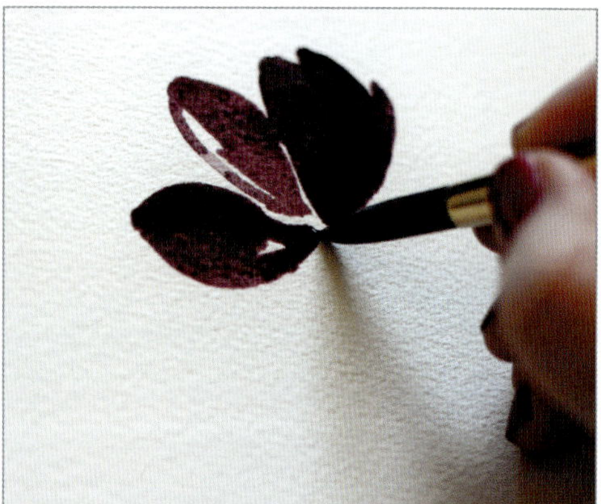
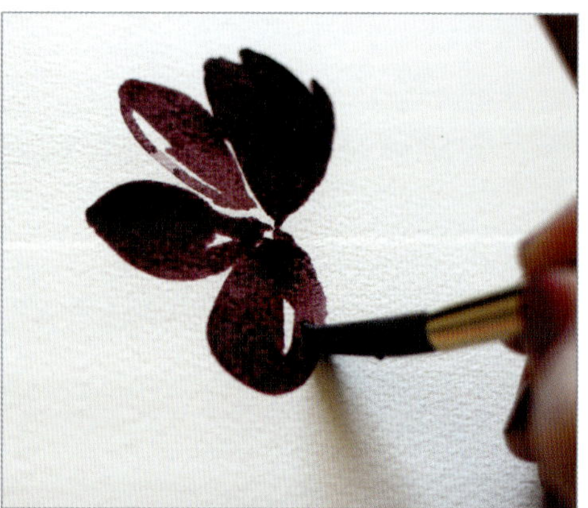
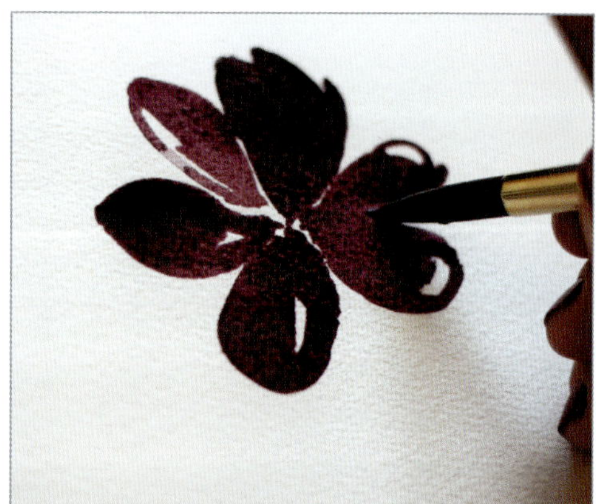
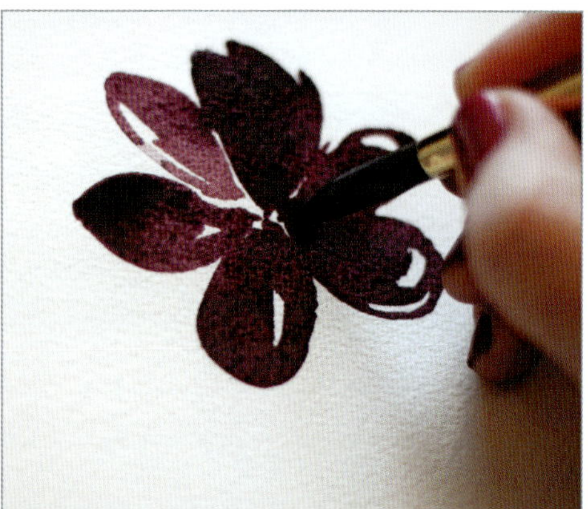

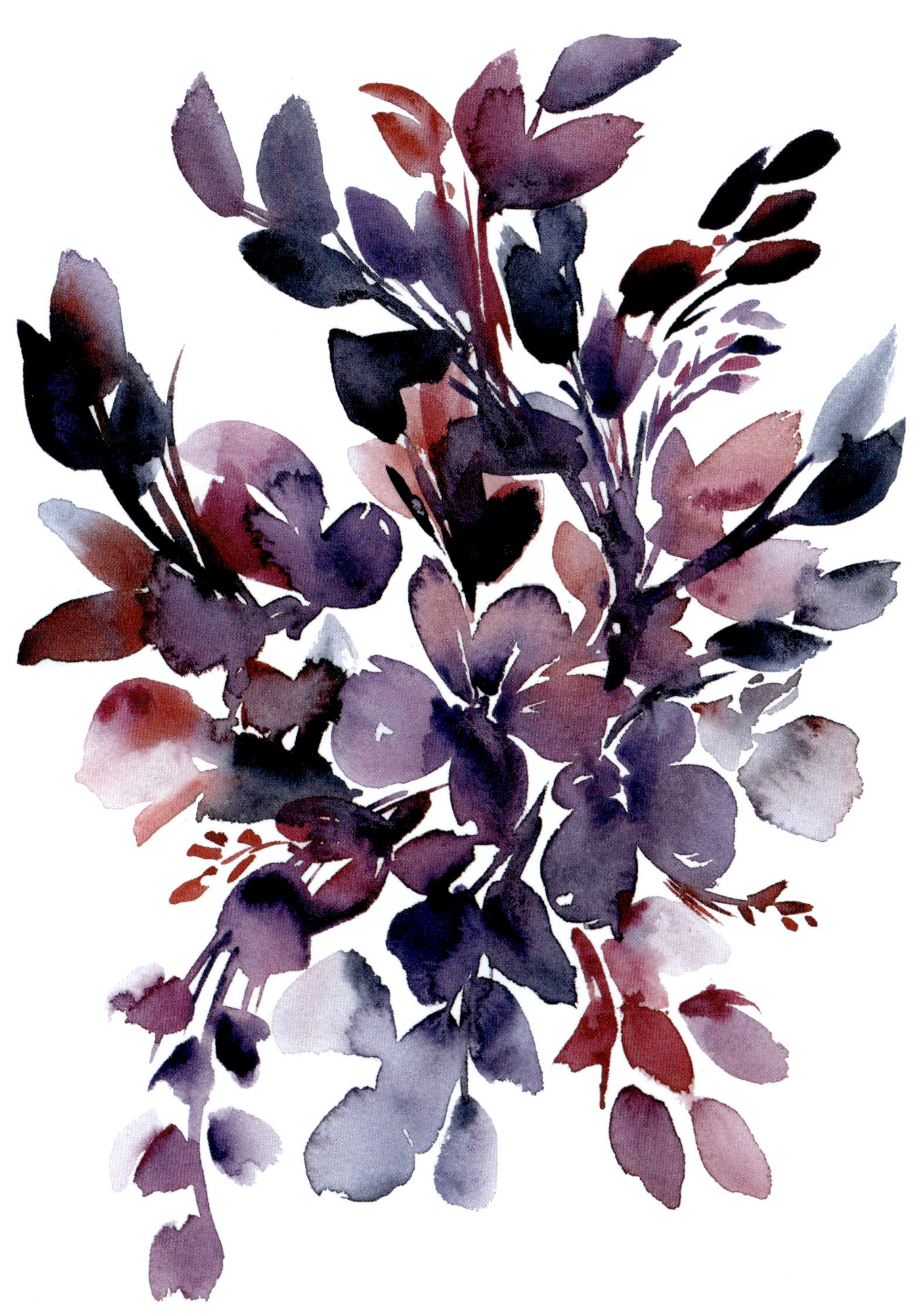

GESCHLOSSENE BLUMEN

Einige Blumen wie Tulpen sind von Natur aus eher geschlossen und die Staubblätter von der Seite nicht sichtbar. Malen Sie die Blütenblätter gerade nach oben und leicht nach innen gewölbt. Deuten Sie Abstände zwischen den Blütenblättern durch weiße Freiräume oder hellere und dunklere Tonwerte an.

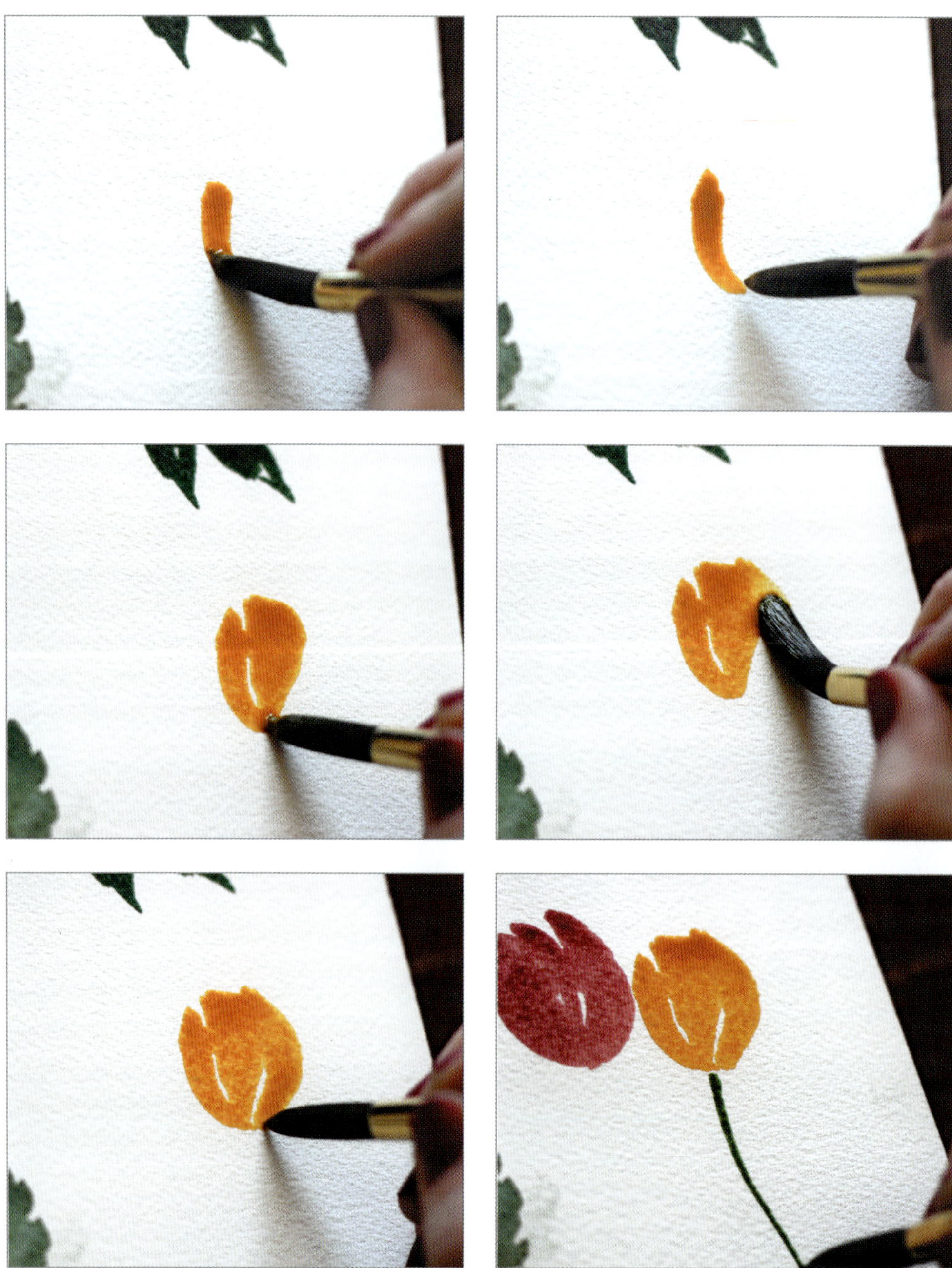

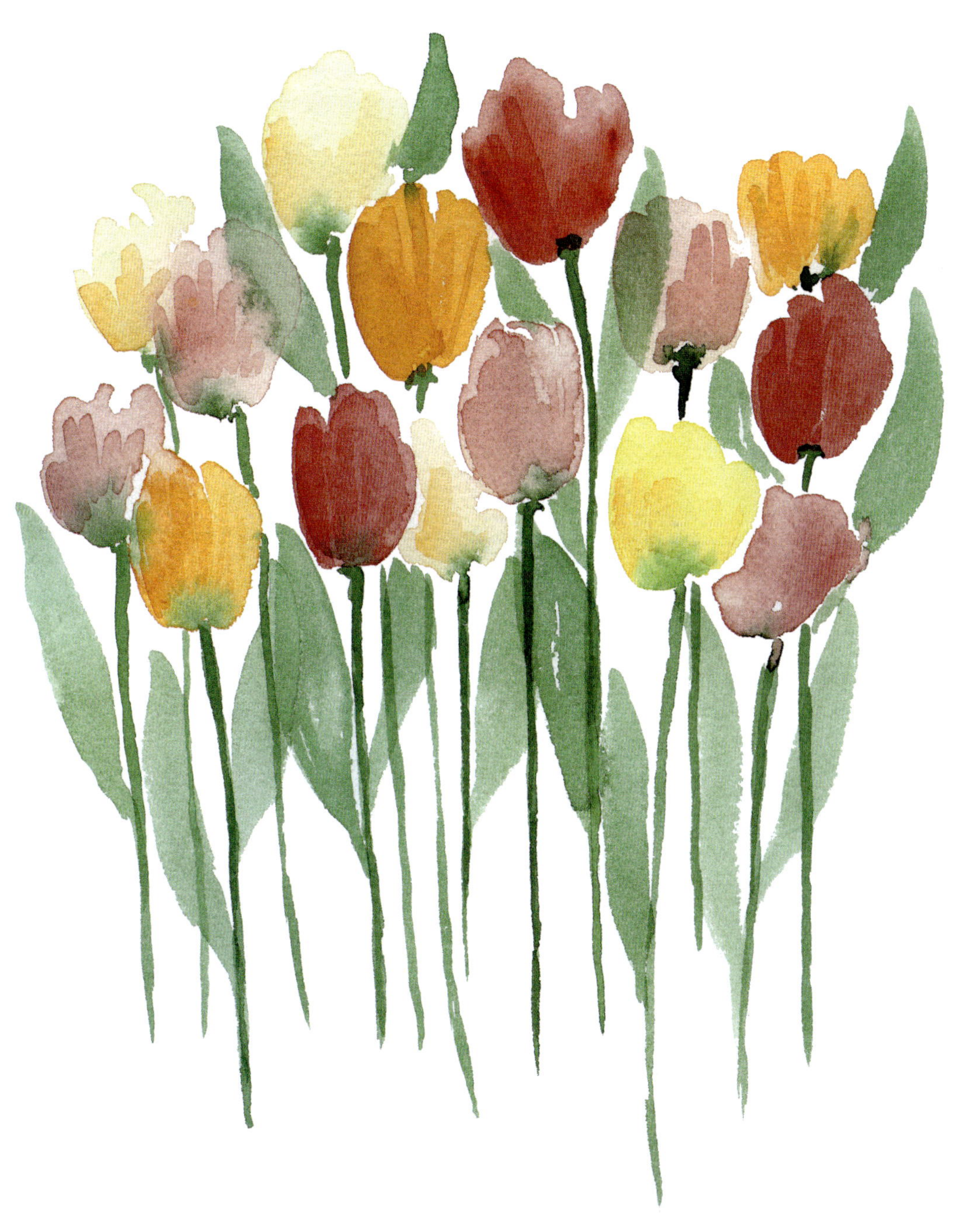

BLÄTTER

Auch wenn sie nicht so mannigfaltig wie bunte Blumen erscheinen mögen, können Blätter genauso reizvoll sein und durch ihre Vielfalt an Formen, Größen und Grüntönen bestechen. Hier finden Sie einige einfache Möglichkeiten zum Gestalten hübscher Blätter. Vervollständigen Sie damit Ihre Blumen zu einem prächtigen floralen Kunstwerk.

Blatt 1

Ziehen Sie den aufgedrückten Pinselkörper nach oben, um ein ganzes Blatt zu gestalten.

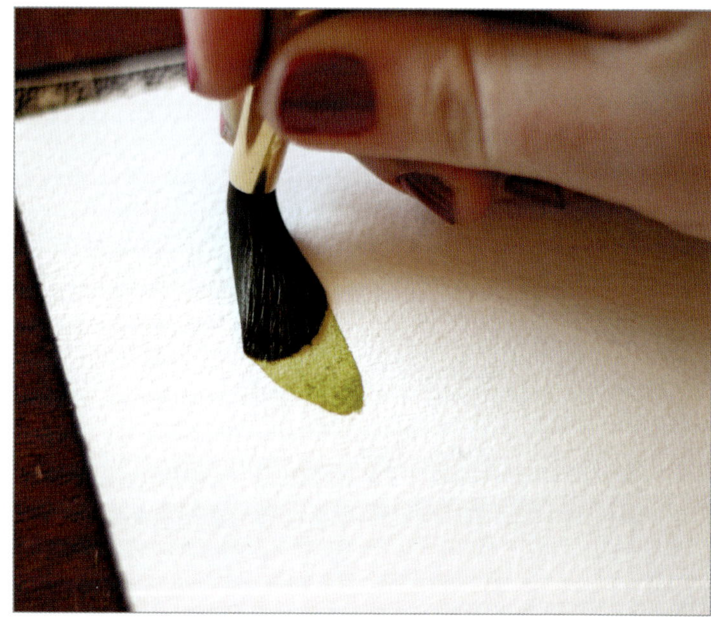

Wenn Sie die gewünschte Länge des Blattes erreicht haben, gehen Sie mit leichterem Druck zur Blattspitze über.

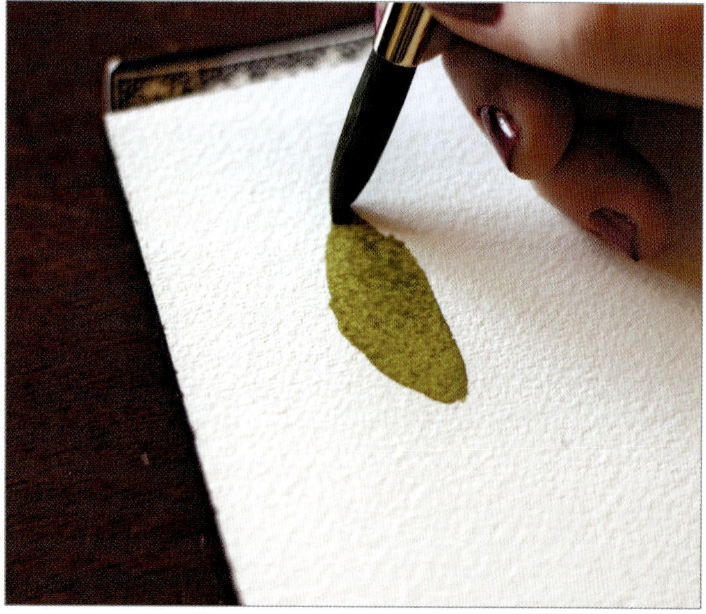

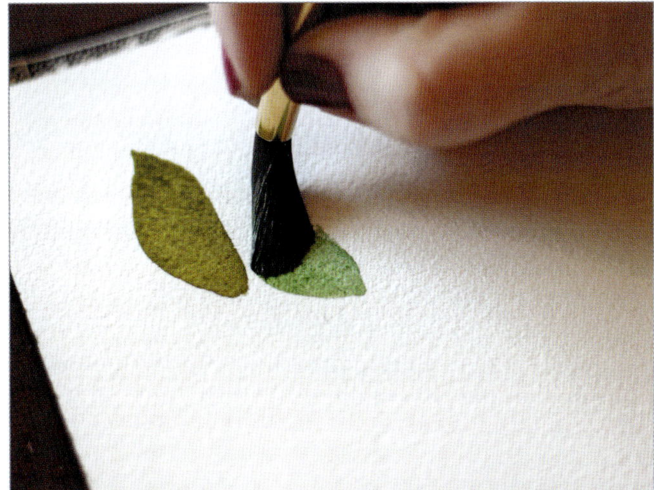

Blatt 2

Stellen Sie sich eine Linie in der Mitte vor und formen Sie mit dem Pinselkörper auf einer Seite ein „C“.

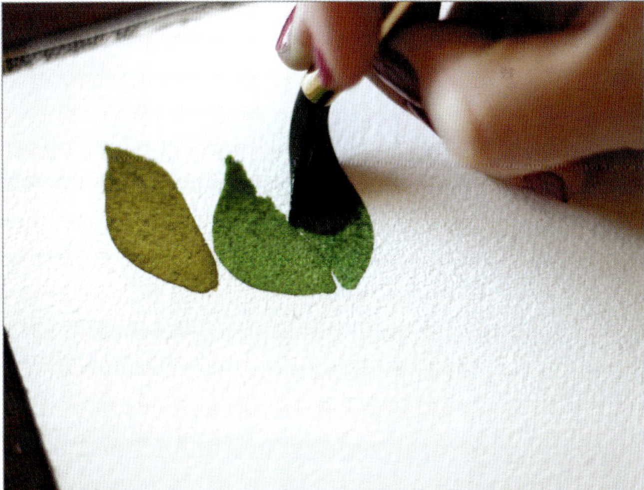

Wiederholen Sie den Vorgang auf der anderen Seite.

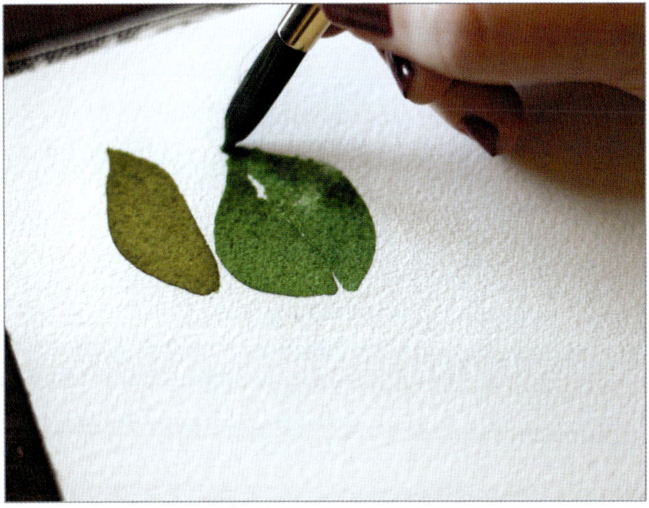

Üben Sie oben leichten Druck aus, um die Spitze des Blattes zu formen.

Blatt 3

Erzeugen Sie mit dem Pinselkörper Volumen.

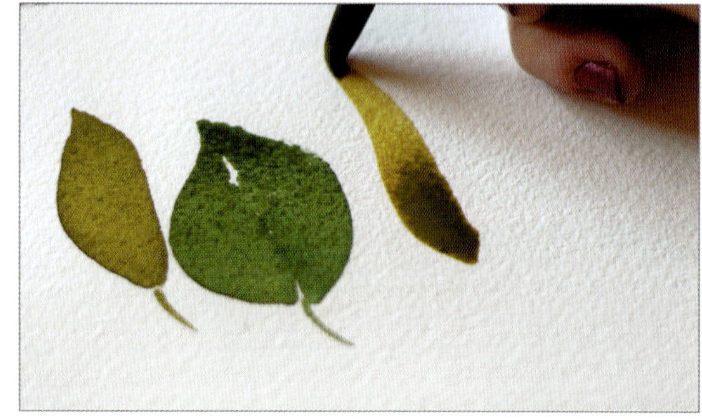

Malen Sie lange Striche für lange Blätter. Wenn Sie die Mitte des Blattes weiß lassen, wirkt dieser Bereich wie eine Mittellinie und das Blatt wird definiert.

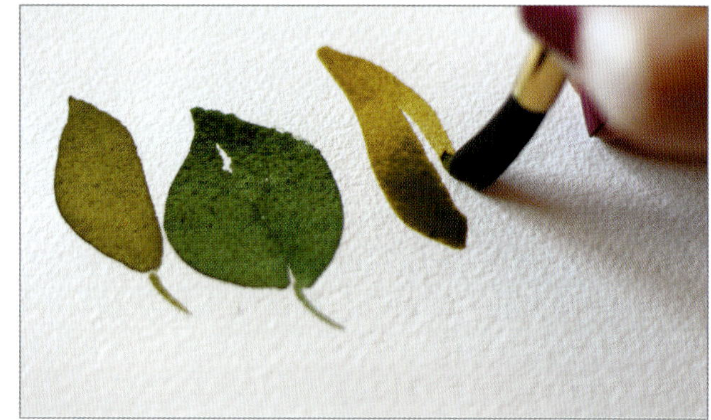

Blatt 4

Ziehen Sie mit dem Pinselkörper einen langen Strich für ein schlankes, längliches Blatt.

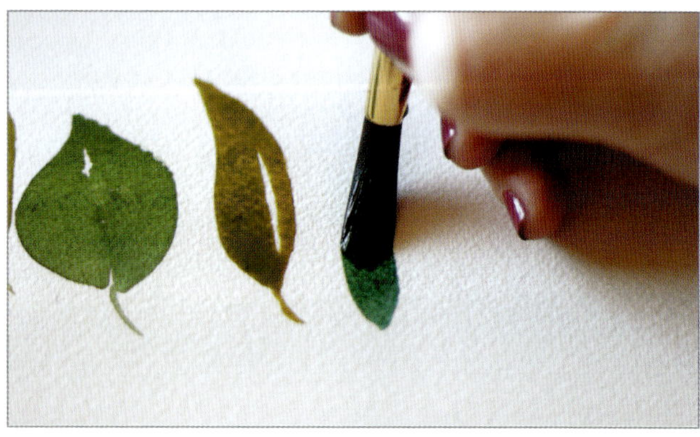

Reduzieren Sie zum Blattende hin den Druck auf den Pinsel, um den Strich zu verjüngen.

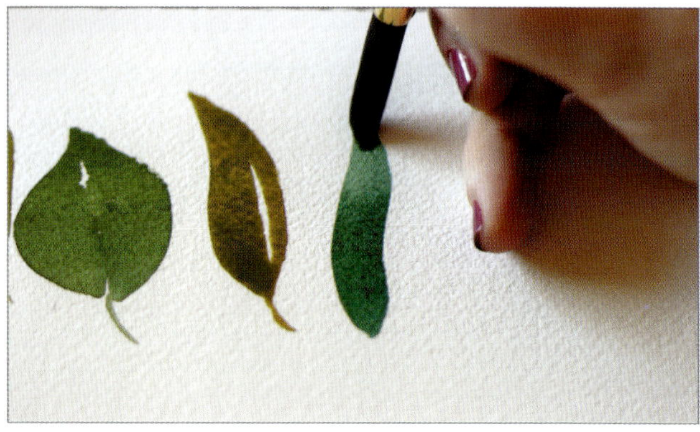

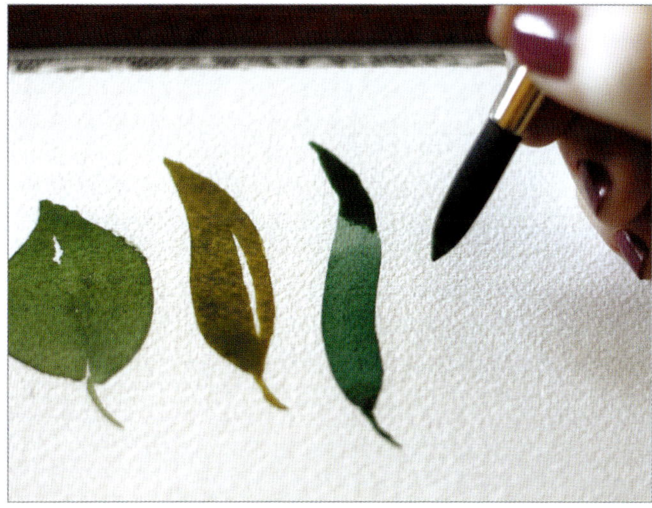

Um Blättern ohne Mittellinie mehr Tiefe zu verleihen, tragen Sie oben oder unten eine dunklere Farbe auf – oder an beiden Stellen! Dies kann sowohl einen Schatten als auch neue Triebe andeuten.

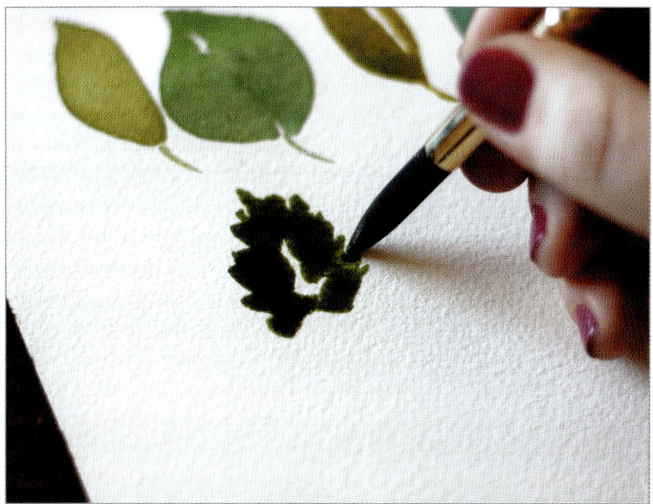

Blatt 5

Malen Sie mit der Pinselspitze ein Blatt mit zackigen oder fransigen Rändern.

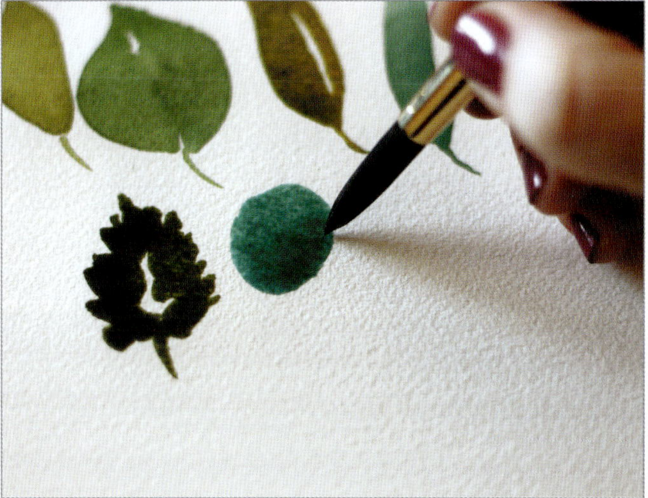

Blatt 6

Gestalten Sie mit dem Pinselkörper ein glattes, rundes Blatt.

Zweig 1

Für kurzblättrige Zweige malen Sie zuerst den Stiel. Malen Sie dann mit dem Pinselkörper kurze Blätter, die an kleineren Stielen sprießen.

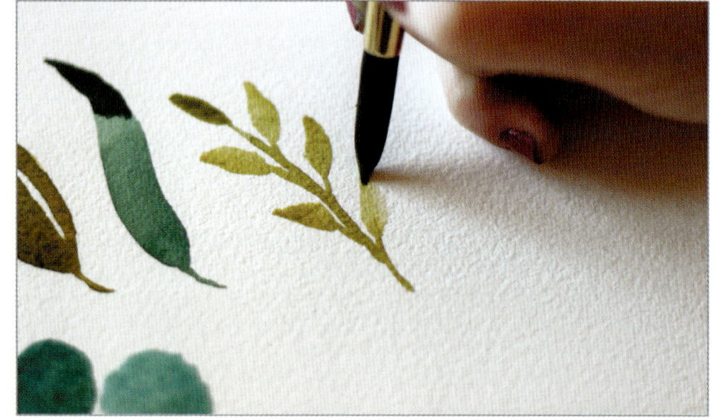

Zweig 2

Gehen Sie wie oben vor, um einen langblättrigen Zweig zu malen. Malen Sie dann mit dem Pinselkörper kurze Blätter, die an kleineren Stielen sprießen.

Zweig 3

Für einen Nadelzweig streichen Sie mit der Pinselspitze mit leichtem Druck schnell vom Stiel weg nach außen.

Zweig 4

Machen Sie lange Striche für längere Nadeln. Für abgerundete Nadelspitzen beginnen Sie vom Stiel entfernt und führen die Pinselspitze zum Stiel hin.

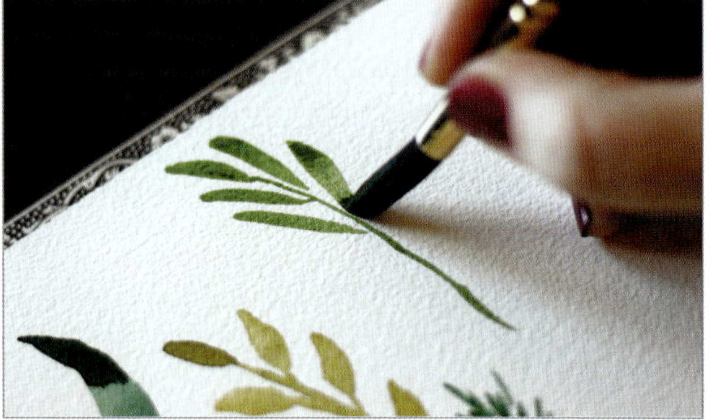

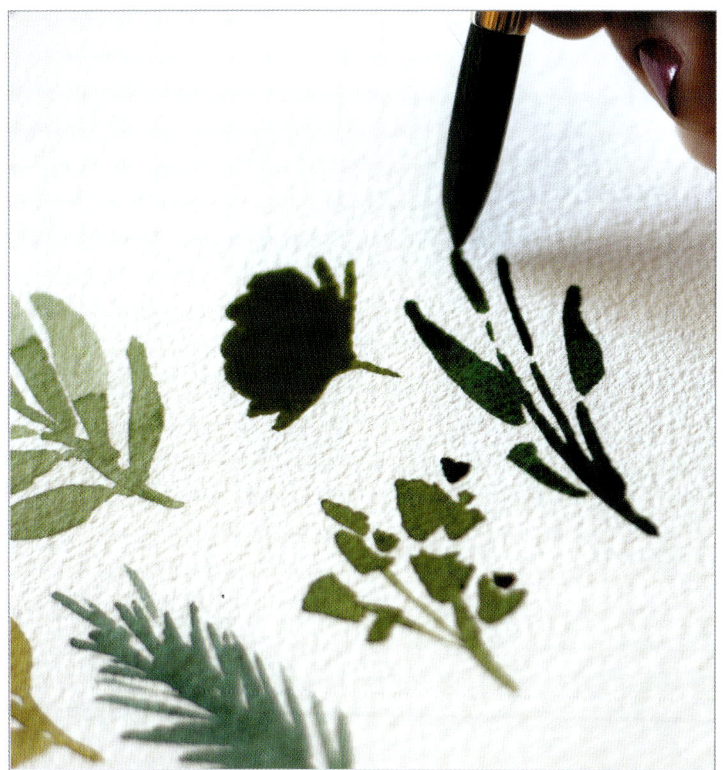

Zweig 5

Stiele und willkürliche Formen erzeugen den Eindruck von wilden Gewächsen wie Unkraut.

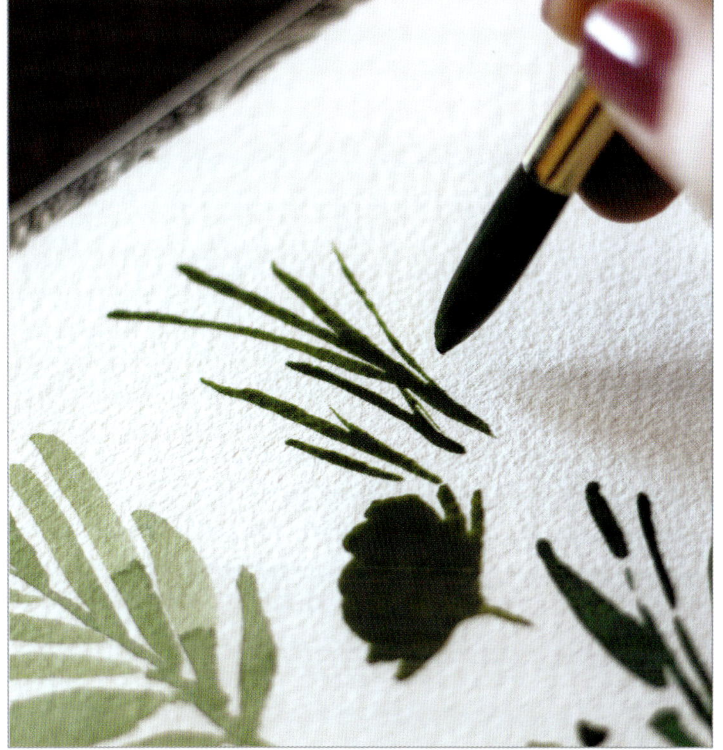

Zweig 6

Zur Darstellung von Gras ziehen Sie lange, dünne Linien und ändern Sie dabei die Richtung, in die sie zeigen.

WERDEN SIE KREATIV:

KAKTUSGARTEN

Beim Malen von Kakteen können Sie Ihrer Kreativität so richtig freien Lauf lassen. Es gibt sie in allerlei Formen, Größen, Farben und Texturen. Für gewöhnlich denken wir bei Kakteen an grüne Gewächse, doch viele dieser Wüstenpflanzen bestechen durch wunderschöne, farbenfrohe Blüten. Die Pflanzen können groß und schlank, rund und gedrungen, stachelig und dornig oder sogar flauschig sein!

Aufgabe

1. Üben Sie, verschiedene Kakteenarten zu malen. Sie können ruhig Fotos als Vorlage verwenden. Oder aber Sie werden kreativ und malen etwas Abstraktes und Einzigartiges.
2. Toben Sie sich aus und arrangieren Sie die Pflanzen zu einem netten Kaktusgarten oder einer Wüstenszene.

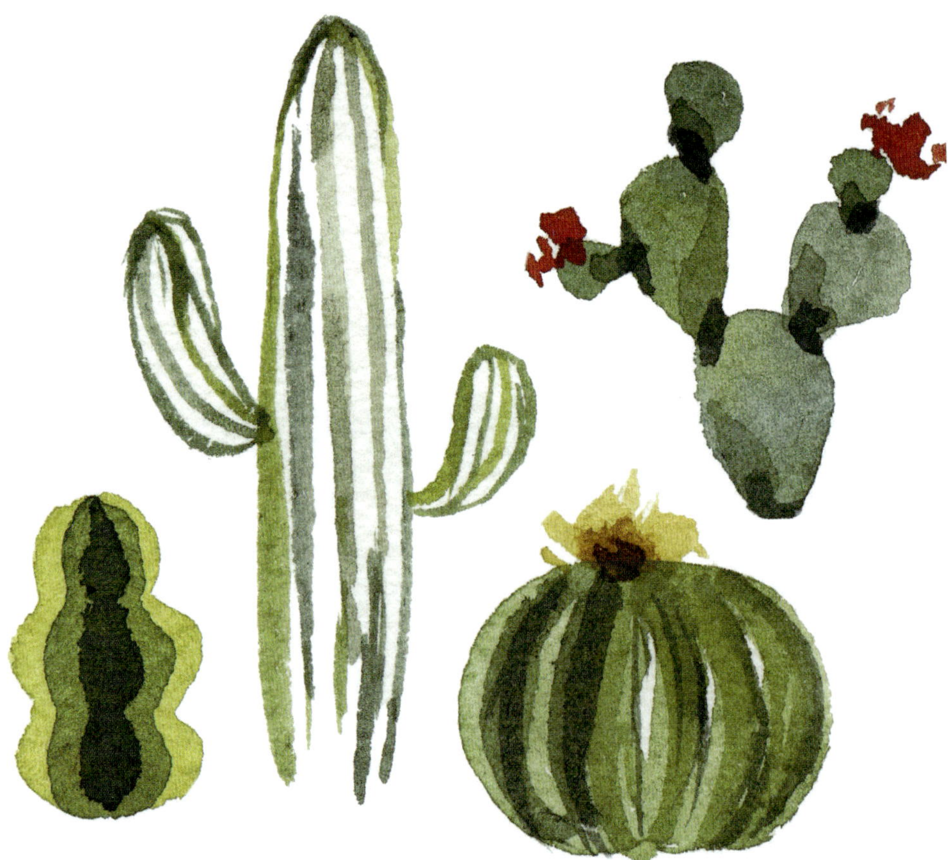

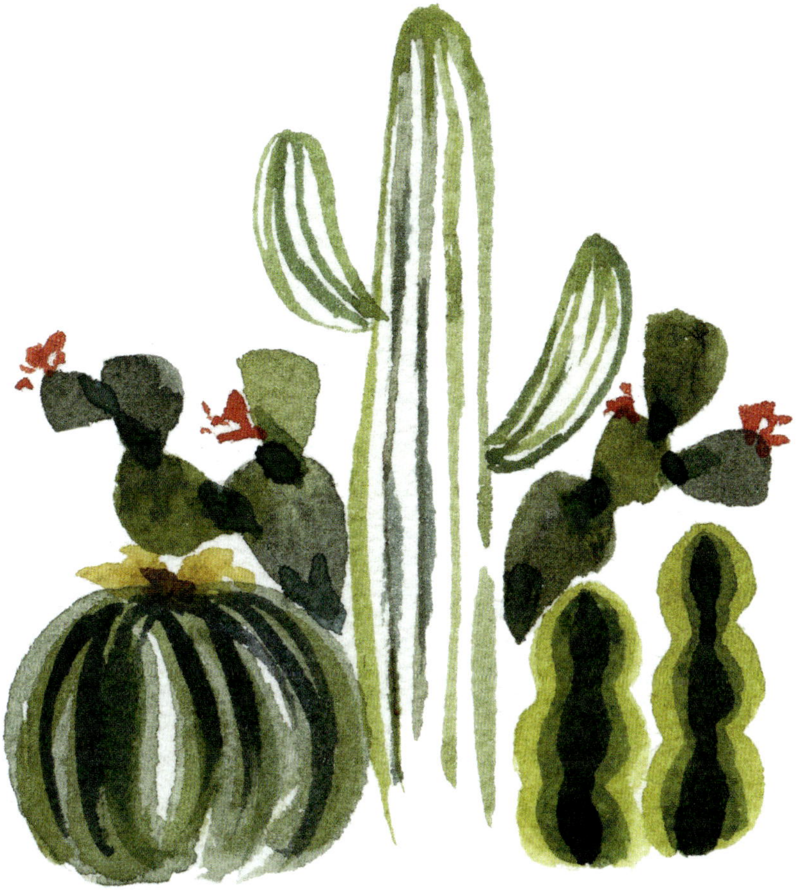

Kakteen weisen viele verschiedene Farben, Schichten und Muster auf. Lassen Sie jede Schicht ordentlich trocknen, damit Sie neue Schichten ohne Verlaufen hinzufügen können.

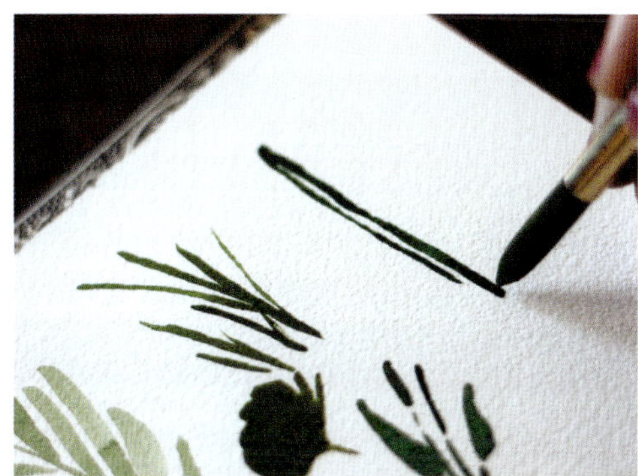

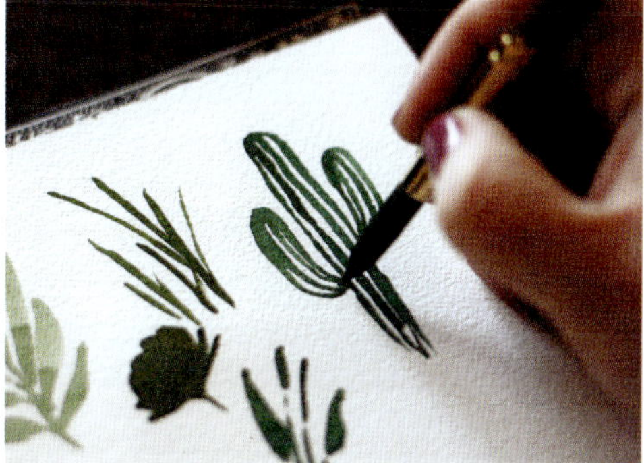

Lange Linien mit weißem Zwischenraum deuten die Rillen eines Saguaro-Kaktus perfekt an.

WERDEN SIE KREATIV:

KRÄNZE

Kränze setzen sich aus mehreren Mustern zusammen. Mithilfe der Techniken, die Sie für das Malen von Blumen und Blättern bereits gelernt haben, können Sie mühelos einen schönen, einheitlichen Kranz gestalten.

Aufgabe

1. Skizzieren Sie zunächst einen großen Kreis, damit Sie einen Umriss haben, um die Blumen und das Blattwerk anordnen zu können. Beginnen Sie dann mit der größten Form – in der Regel der größten Blume und den Blättern.
2. Fügen Sie als Nächstes eine kontrastierende kleinere Blume neben der großen hinzu und verpassen Sie ihr einige kleine oder fedrige Blätter. Fügen Sie dann dunklere Teile hinzu, die einen Kontrast erzeugen, wie dunkle Zweige oder kleine Blätter.
3. Legen Sie zum Schluss weitere Blätter in einem anderen Farbton über die bereits vorhandenen und vervollständigen Sie die Blumen mit Details.

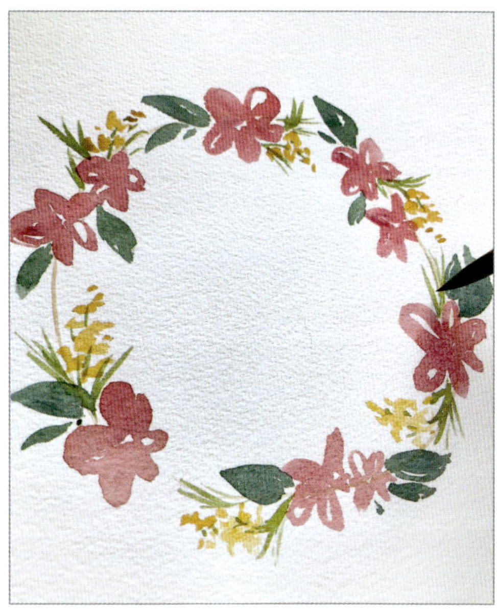

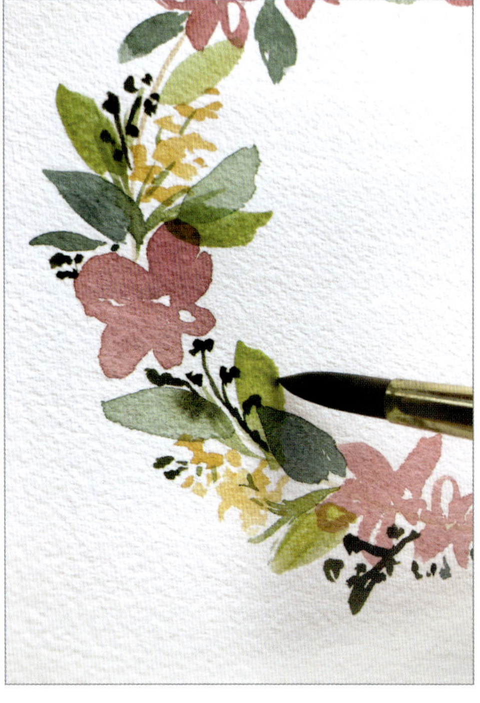

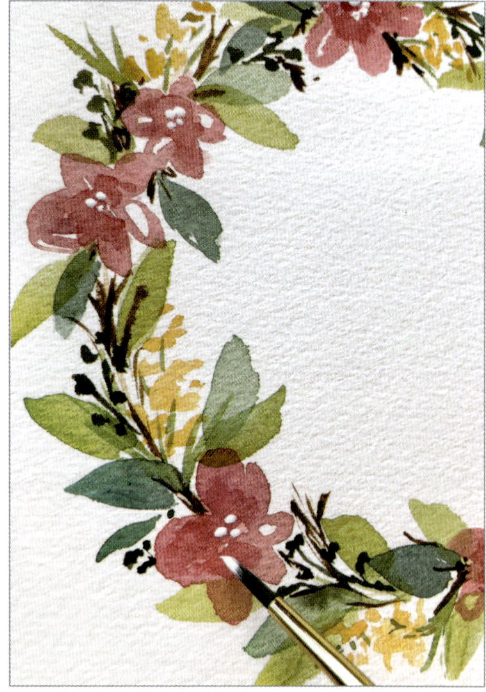

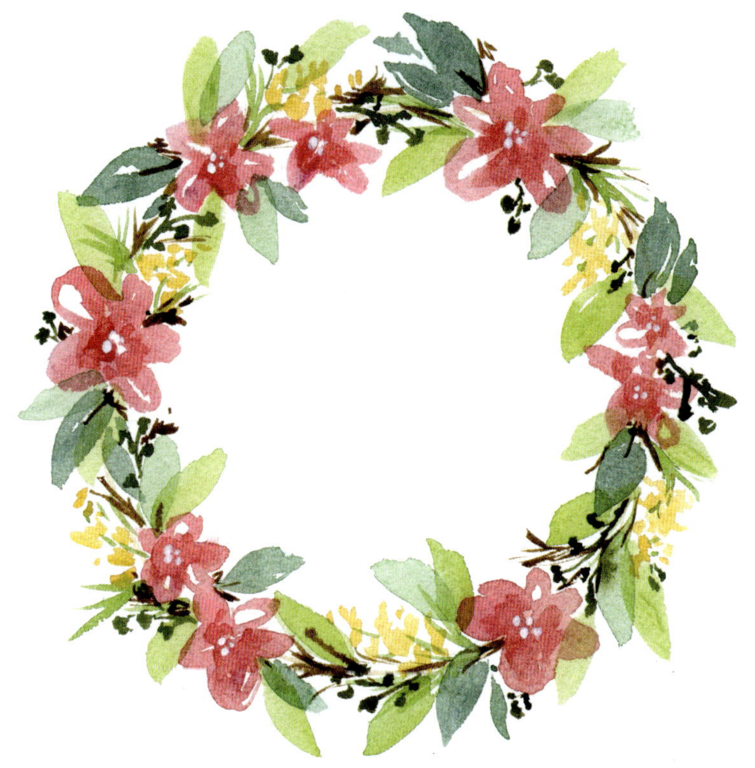

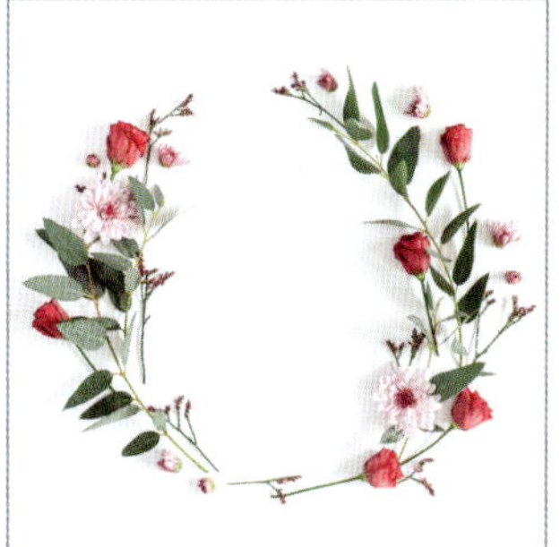

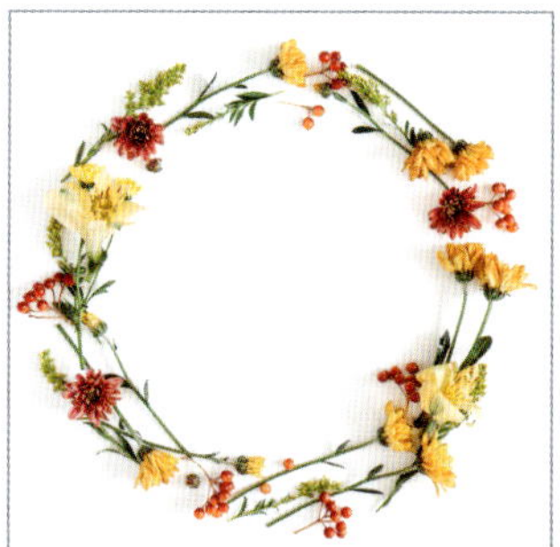

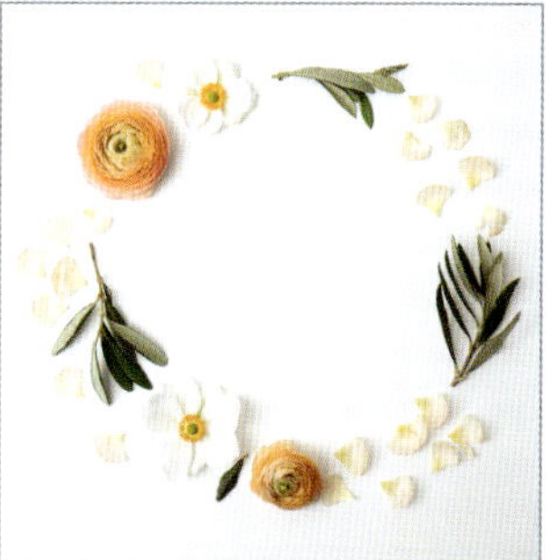

Überlegen Sie, in welche Richtung die Blätter und Blüten zeigen sollen, damit alles einheitlich bleibt. Wenn Sie einen wilderen Look bevorzugen, bei dem die Blätter in verschiedene Richtungen zeigen, achten Sie darauf, dies im gesamten Kranz beizubehalten, sonst wirkt er nicht stimmig.

ALLTAGSOBJEKTE

WOHNZIMMER

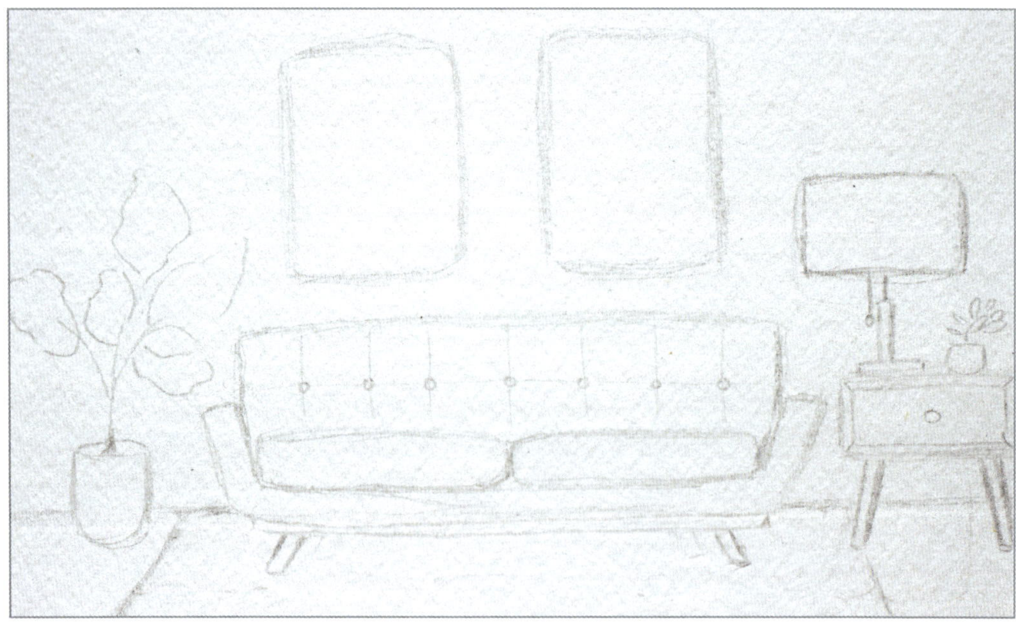

Fertigen Sie zuerst eine Skizze des Interieurs an, damit die Proportionen und die Perspektive stimmen.

Malen Sie die Gegenstände im Raum mit einer Grundfarbe an. Beginnen Sie mit dem blauen Sofa. Malen Sie eine hellgraue Wand, bevor Sie zu den anderen Elementen übergehen.

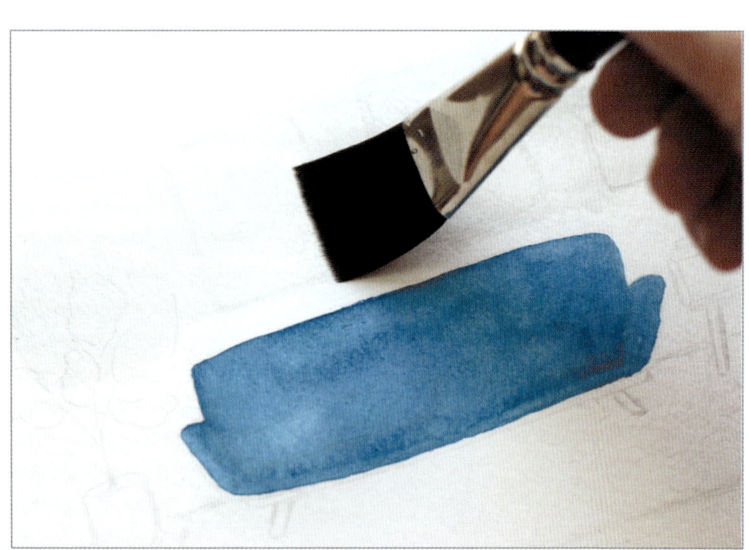

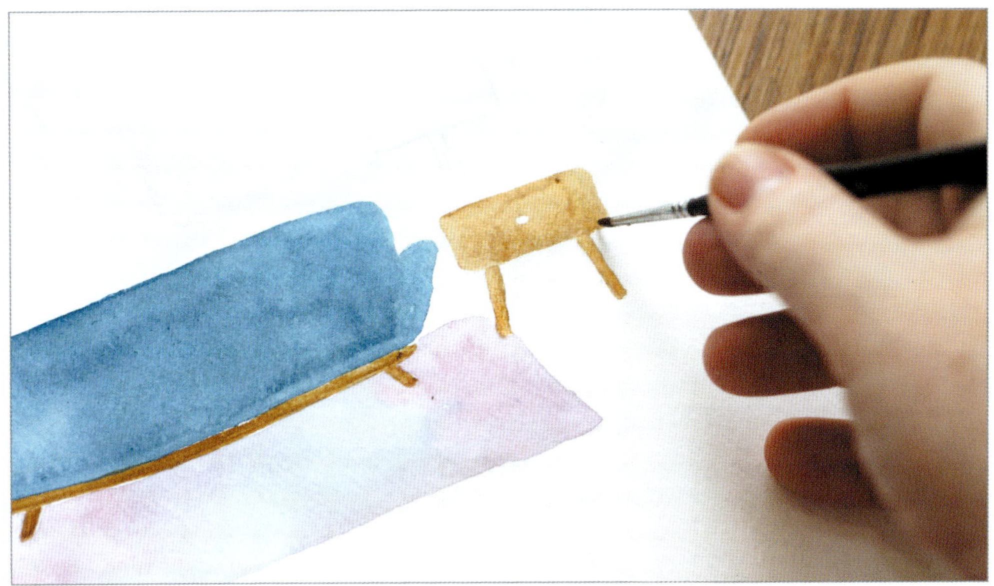

Malen Sie nun die anderen Objekte im Raum. Lassen Sie die Farben der aneinandergrenzenden Bereiche vor dem Weitermalen immer trocknen, damit die Farben nicht ineinander verlaufen. Lassen Sie zum Beispiel die Farbe des Sofas trocknen, bevor Sie den Holzrahmen und die Beine malen. Verblenden Sie für den Teppich mehrere Farben, um einen Vintage-Look zu erzielen.

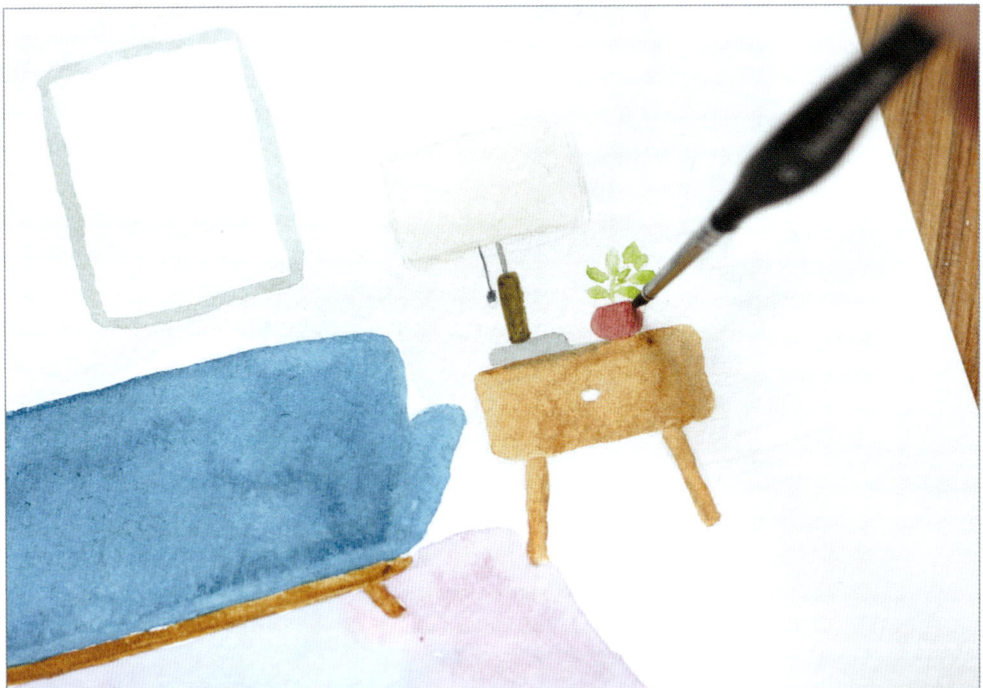

Malen Sie zunächst alle kleineren Gegenstände im Raum wie etwa die Lampe in einer Grundfarbe. Fügen Sie dann Pflanzen hinzu.

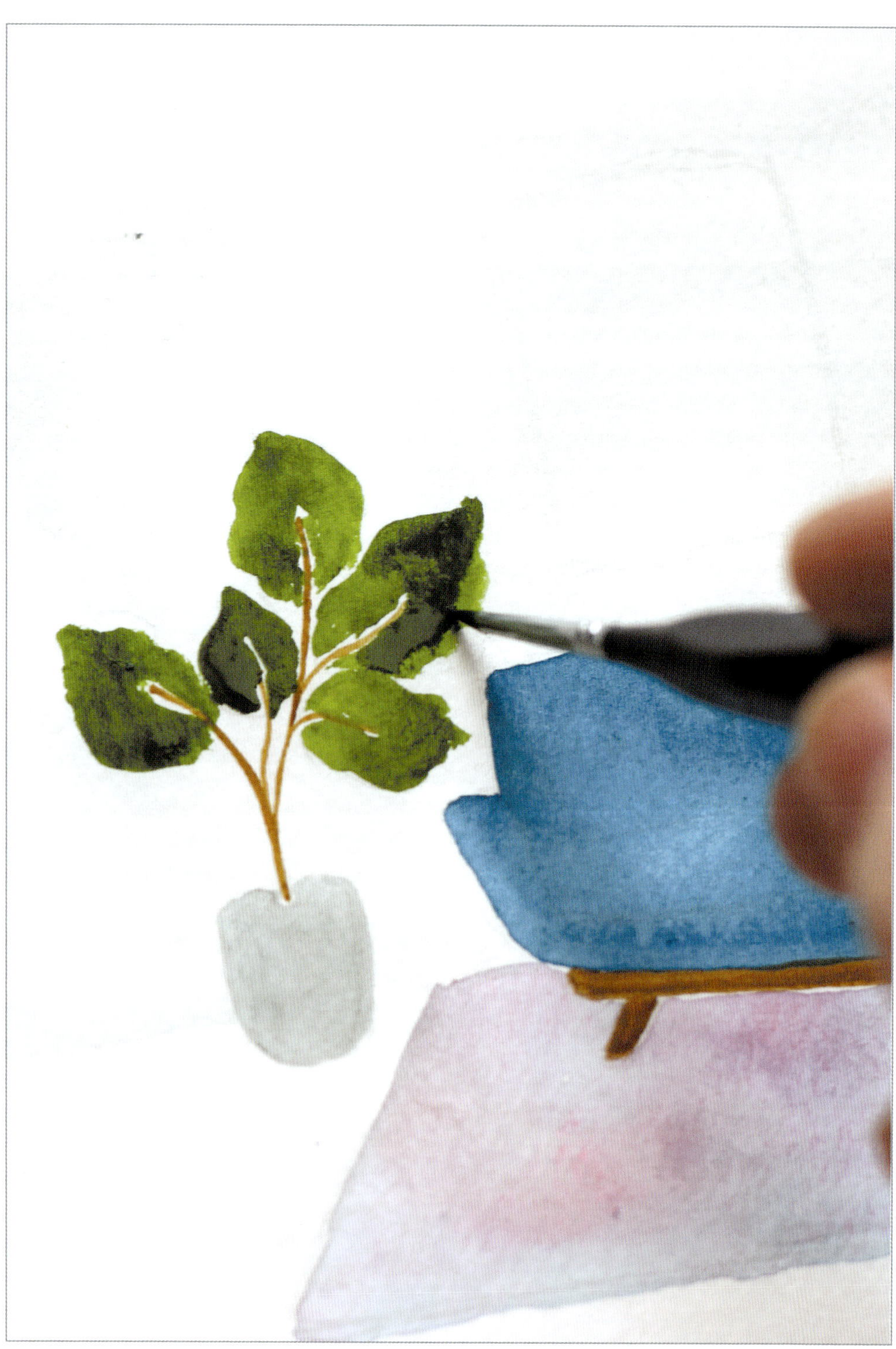

Im Abschnitt zum Malen von Pflanzen finden Sie entsprechende Tipps. (Siehe Seite 52-69)

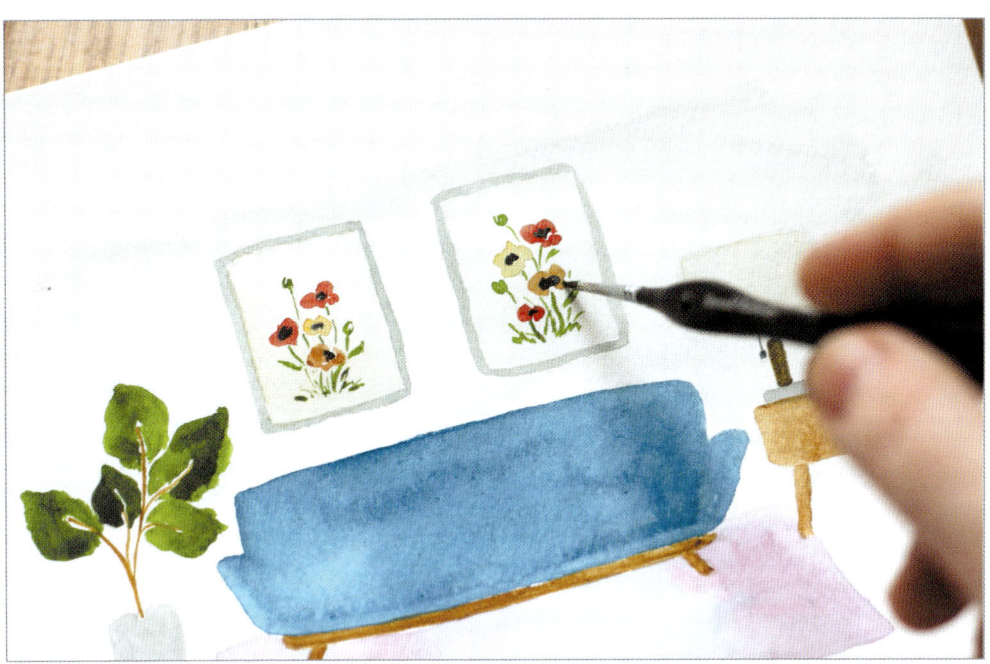

Gestalten Sie Bilder für die Wand

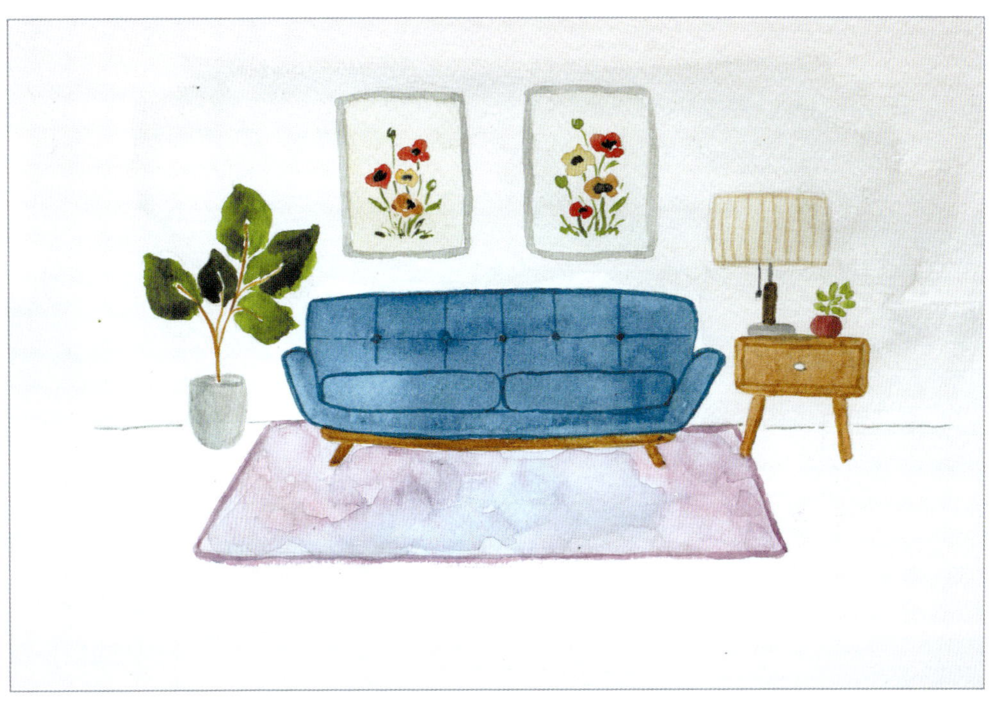

Fügen Sie Details wie die Linien und Knöpfe für die Sofa-Polsterung hinzu.

HEIMELIGES COTTAGE

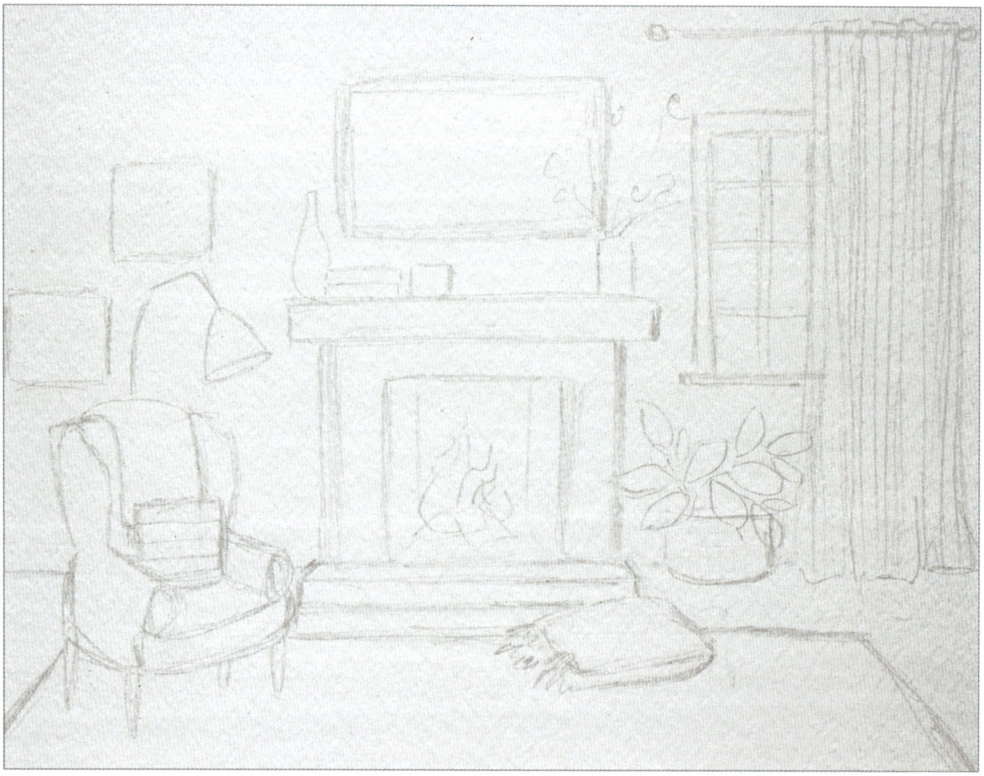

Beginnen Sie mit einer detaillierten Skizze des Raums.

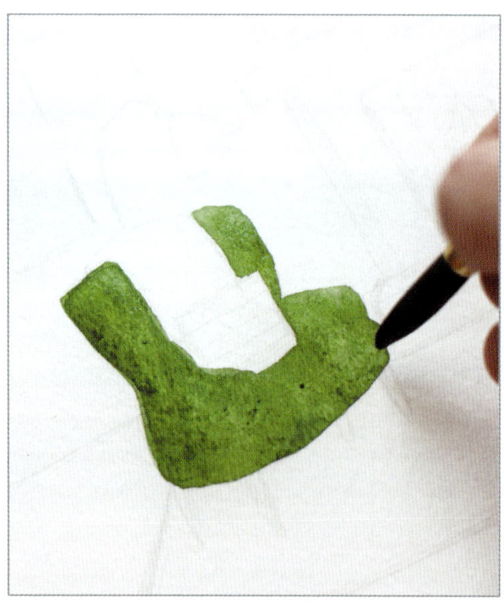

Gestalten Sie eine farbige Grundschicht auf dem Stuhl und lassen Sie sie trocknen.

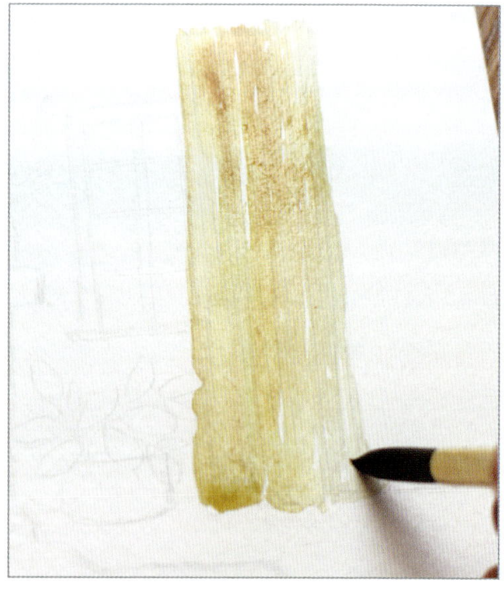

Malen Sie die Vorhänge mit einer hellen Grundfarbe und lassen Sie weiße Zwischenräume, um Glanzpunkte und Struktur zu erzeugen.

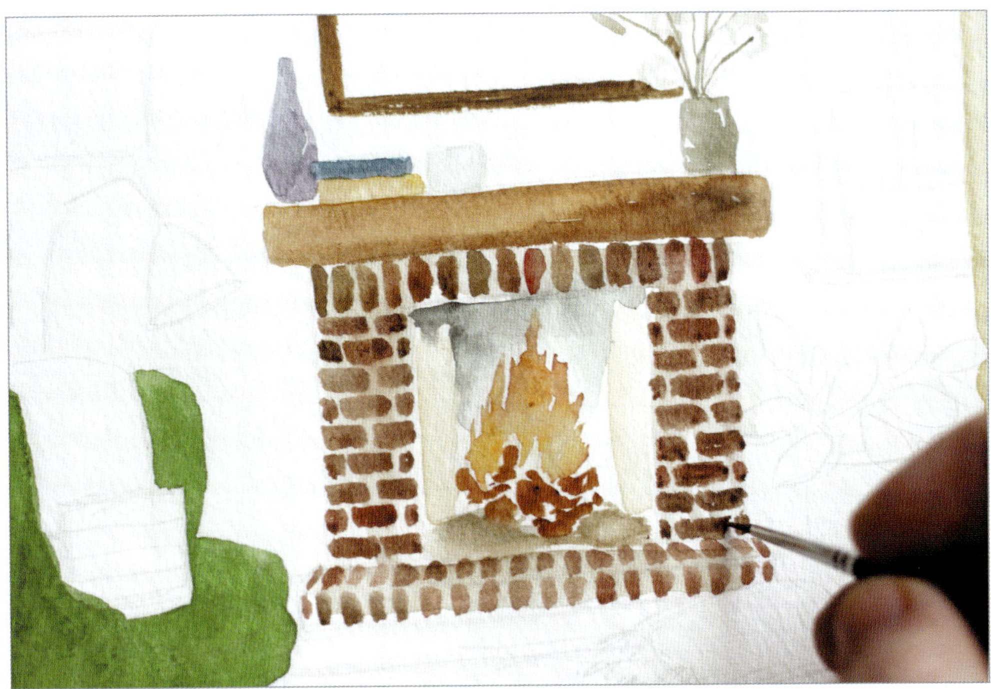

Kolorieren Sie den Kaminsims und die kleineren Objekte darauf. Malen Sie dann die Ziegelsteine auf dem Kamin. Für ein natürliches Aussehen der Ziegel variieren Sie die Farbe leicht und machen Sie einige Pinselstriche an den Rändern kürzer, um kleinere Ziegel anzudeuten. Stellen Sie das Feuer im Inneren dar.

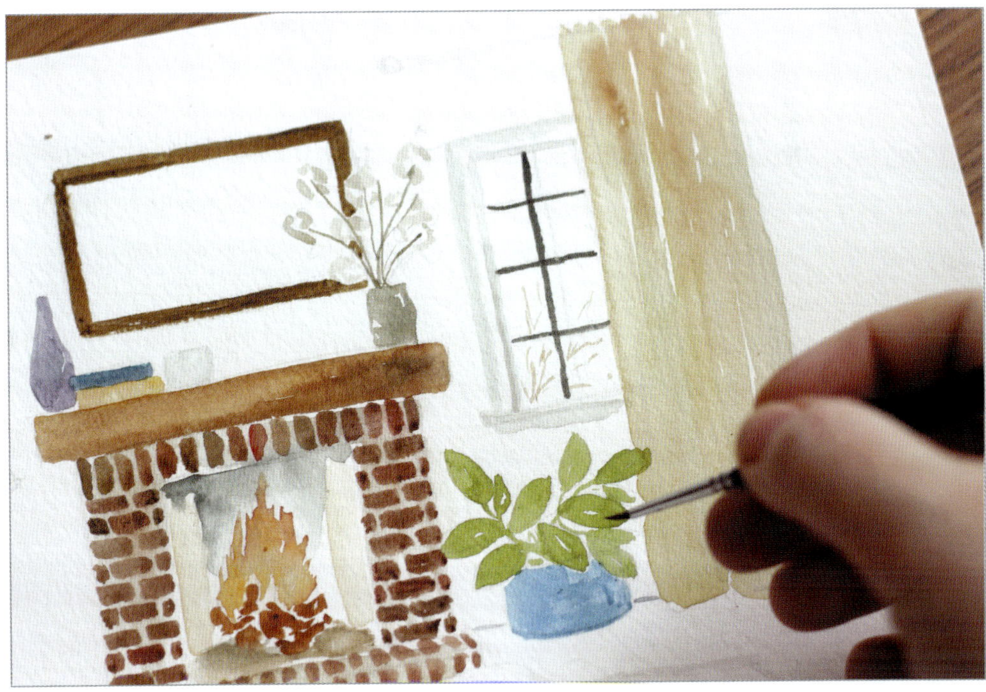

Malen Sie die Pflanze mitsamt Topf und fügen Sie dem Fenster Details und einen Ast draußen hinzu.

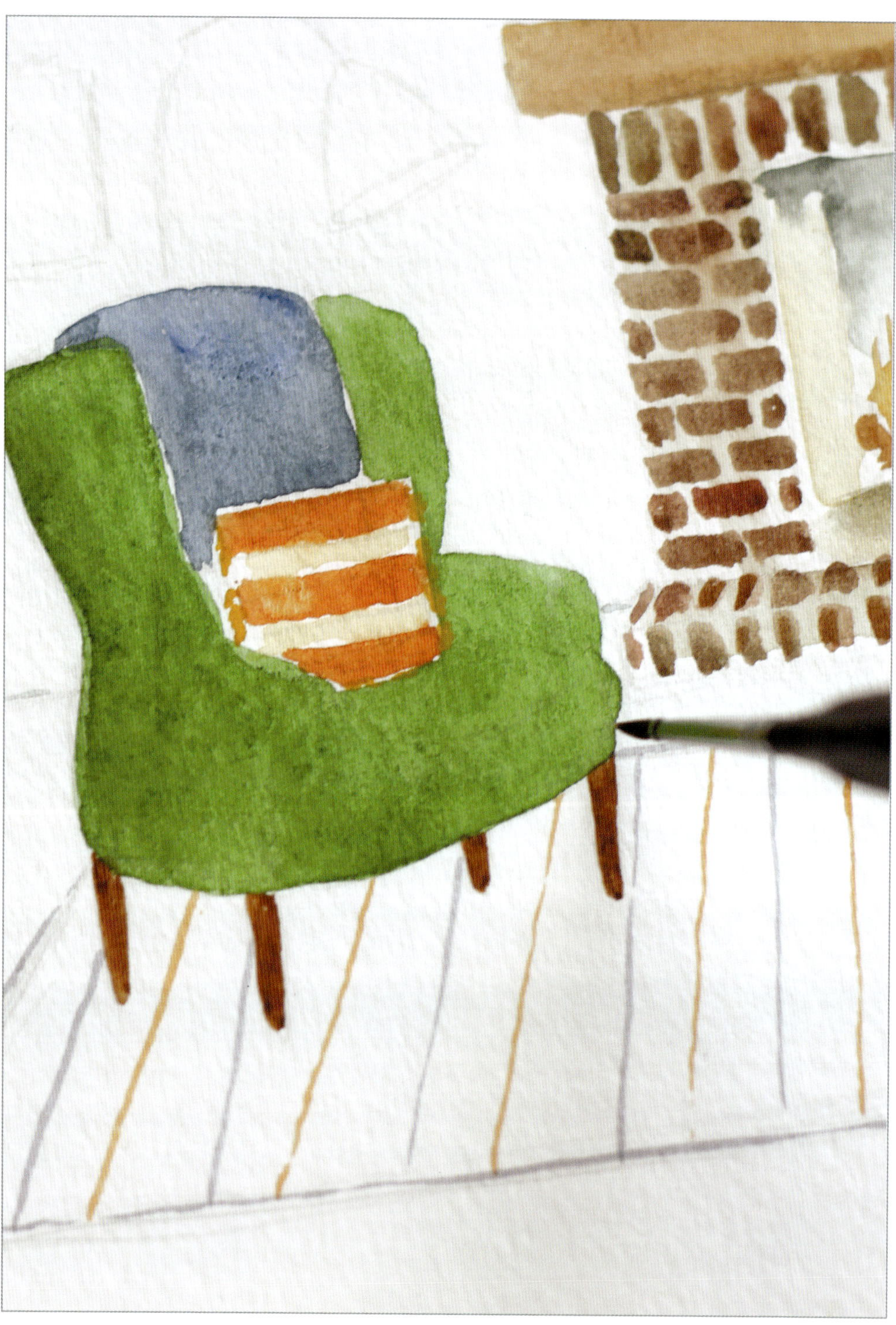

Malen Sie die Stuhlbeine, das Kissen und die Decke für weitere Farbakzente aus. Verzieren Sie den Teppich mit Streifen.

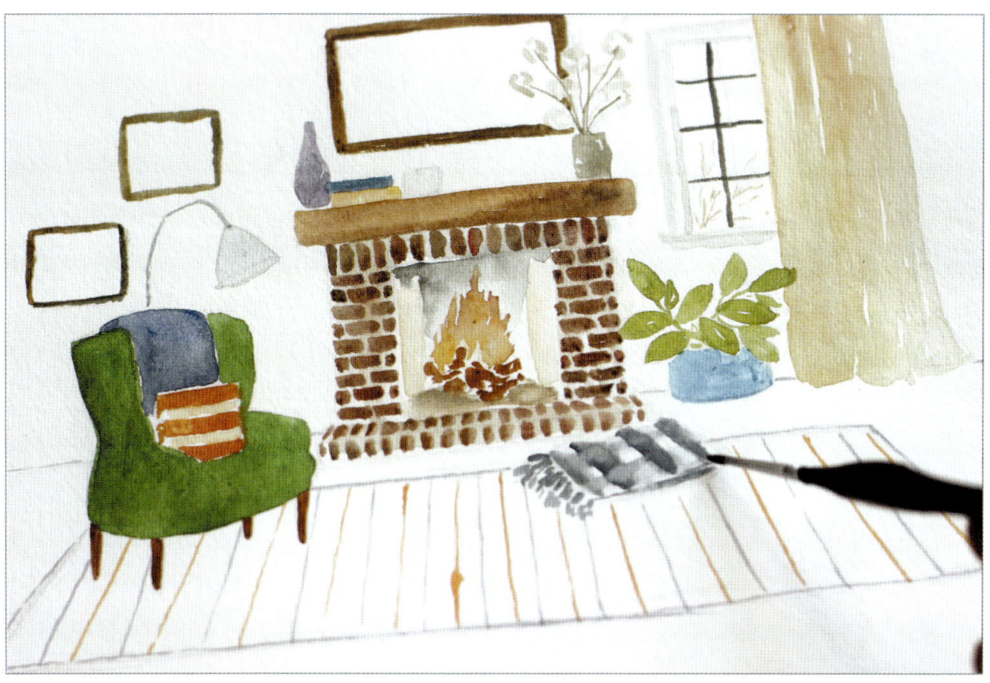

Malen Sie die Decke auf dem Boden, die Lampe und die Rahmen an der Wand aus.

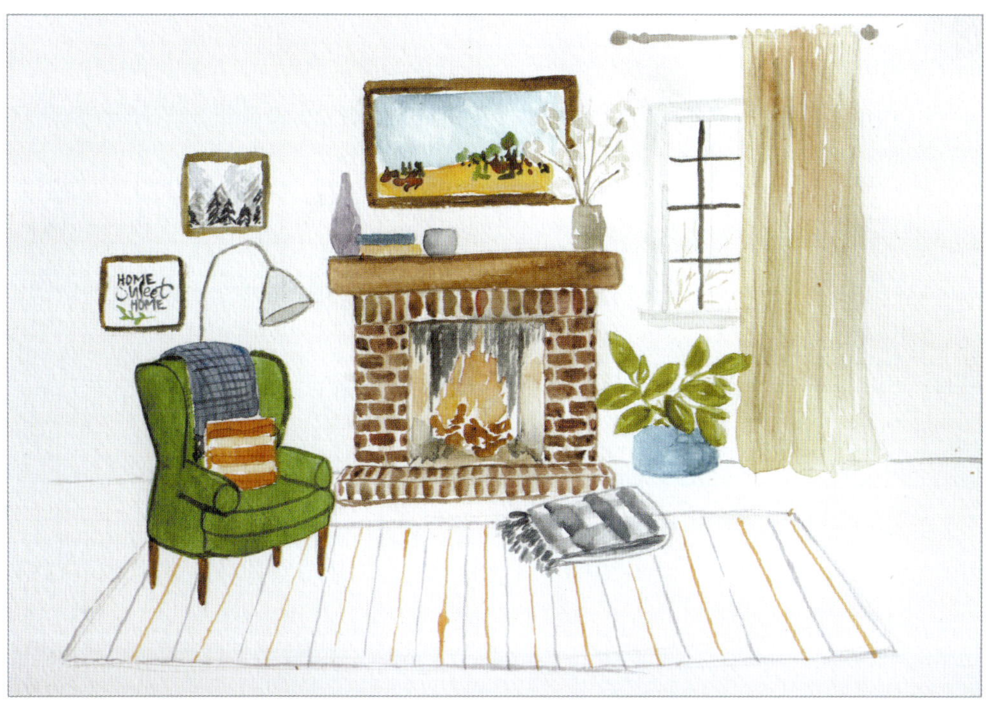

Fügen Sie letzte Details hinzu wie die Linien auf der Decke, die dunklen Konturen an Stuhl und Stehlampe sowie einige dunklere Striche auf dem Vorhang und den Pflanzenblättern, um den Eindruck von Räumlichkeit zu erzeugen. Vergessen Sie nicht, die Rahmen mit Motiven zu ergänzen.

WERDEN SIE KREATIV:

MOTIVE IN HÜLLE UND FÜLLE

Wenn Sie nicht so recht wissen, was Sie malen könnten, lassen Sie sich von Ihrer Umgebung inspirieren – seien es Geräusche, Farben, Texturen, Stimmungen oder Gefühle. Deshalb ist es wichtig, fürs kreative Arbeiten einen eigenen Raum zu haben. Versuchen Sie doch, den Raum, in dem Sie sich gerade befinden, zu malen und sich von den Farben und Texturen inspirieren zu lassen.

Aufgabe

1. Suchen Sie sich einen Raum oder einen Ort, wo Sie sich sehr wohl fühlen. Wählen Sie eine Perspektive, von der aus Sie malen möchten. Wenn Sie nicht an dem gewünschten Ort sein können, tut's auch ein Bild davon!
2. Nun geht's ans Malen! Denken Sie daran, dass das Gemälde nicht exakt Ihrer Vorlage gleichen muss. Wenn Sie sich von der Stimmung, den Farben und den Gefühlen inspirieren lassen, werden Sie vielleicht dazu verleitet, Dinge zu ändern, und das ist völlig in Ordnung! Das ist sogar eines der besten Dinge an einer Übung wie dieser.

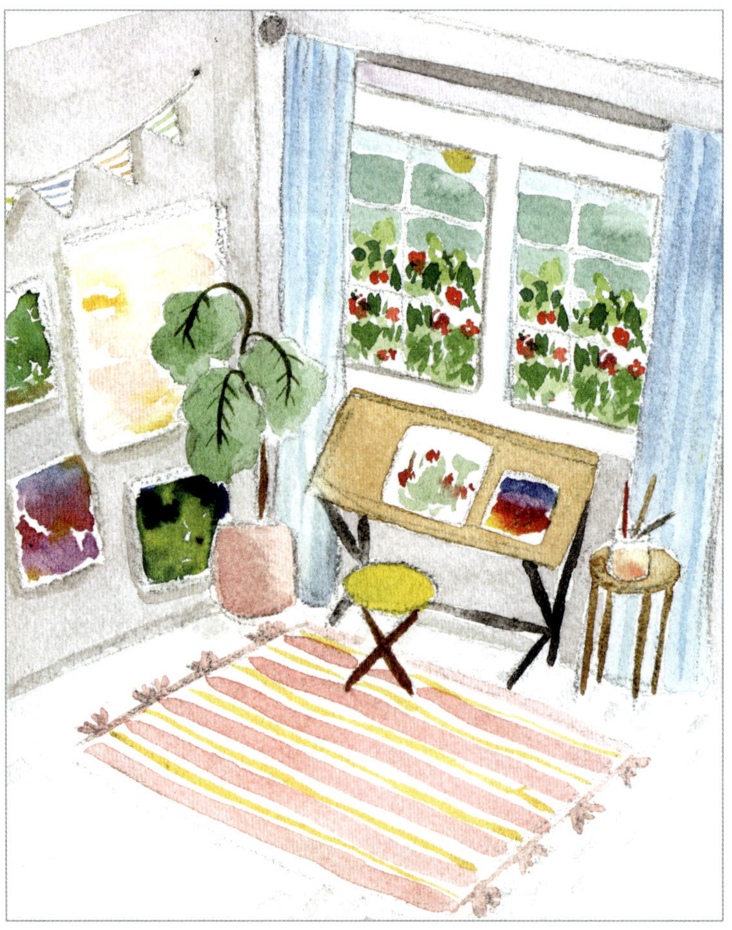

ALLTAGSOBJEKTE

Halten Sie zu Hause Ausschau nach Objekten, die Sie malen könnten!

Aufgabe

1. Schnappen Sie sich ein paar Alltagsobjekte unterschiedlicher Art und Größe. Gewöhnlichere Objekte werden Ihre Kreativität und Malkünste besser fördern.
2. Konzentrieren Sie sich auf die Form, die Textur und die Farbe jedes Gegenstands. Ist er lichtdurchlässig oder undurchsichtig? Was sind seine Grundformen? Gibt es irgendwelche besonderen Teile? Ist er glatt, flauschig oder stachelig?

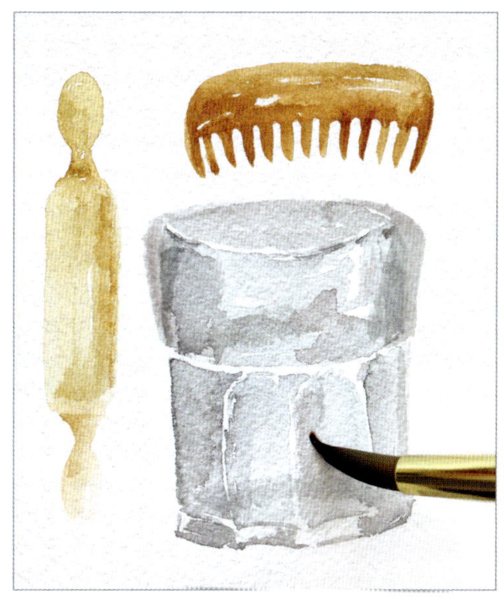

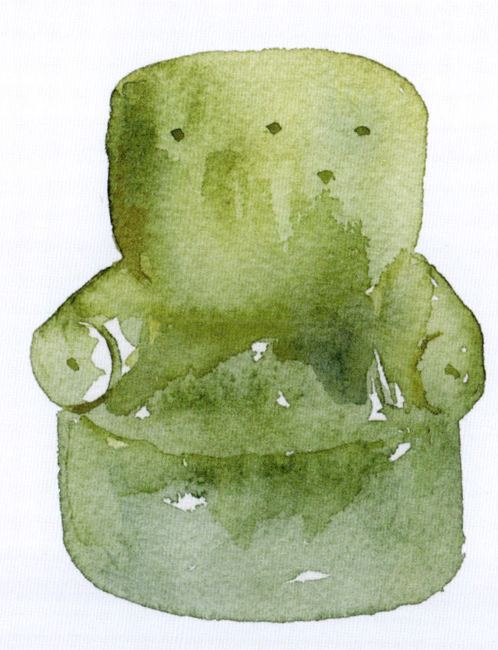

PROBIEREN SIE DAS!

Wenn Sie ein *flaches* oder einfarbiges Objekt malen, fügen Sie verschiedene Variationen desselben Farbtons hinzu, um Schatten und Textur zu erzeugen. Sie können sogar eine völlig andere Farbe als Kontrast und Hingucker hinzufügen.

IM JOB

Für jeden Beruf oder jedes Hobby sind bestimmte Arbeitsmittel erforderlich. Bei der Aquarellmalerei sind das Wasser, Farbe, Papier und Pinsel. Für einen Buchhalter sind es vielleicht ein Computer, Unterlagen, Stifte und ein Taschenrechner.

Aufgabe

1. Denken Sie an all die Dinge, die Sie bei Ihrer täglichen Arbeit nutzen. Lassen Sie Ihren Gedanken freien Lauf und wählen Sie ruhig auch ungewöhnlichere Motive.
2. Wählen Sie mehrere Werkzeuge für Ihre Illustration. Füllen Sie Ihr Blatt Papier nach Möglichkeit komplett aus!

PROBIEREN SIE DAS!

Bei dieser Übung haben Sie die Gelegenheit, Dinge zu malen, die Sie noch nie gemalt haben! Suchen Sie sich einen Beruf aus und malen Sie dann die entsprechenden Arbeitswerkzeuge dafür. In diesem Beispiel sehen Sie die Werkzeuge einer Zahnhygienikerin, wie Kittel, Maske, Handschuhe, Spiegel usw.

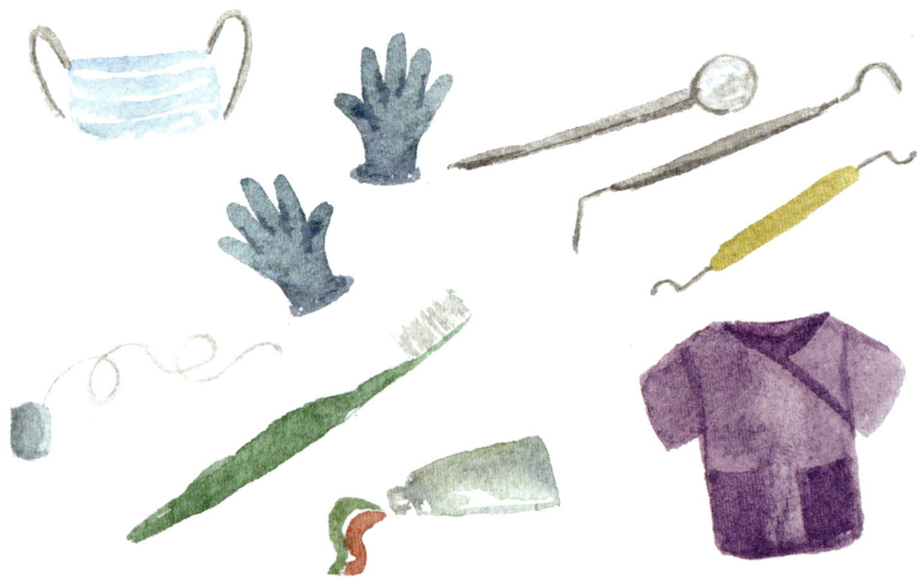

Wenn Sie einfarbige Objekte malen, können diese sehr flach wirken. Vergessen Sie nicht, sie nach dem Trocknen mit einer dunkleren Farbe oder eine stärker gesättigten Version der gleichen Farbe zu überarbeiten, um Details hinzuzufügen.

IHRE TO-DO-LISTE

Jeder hat eine To-do-Liste – um diese auch einmal für kreative Zwecke zu nutzen, können Sie sie ja auch malen. Mit dieser farbenfrohen Liste macht das Abhaken der Erledigungen gleich noch mehr Spaß!

Aufgabe

1. Erstellen Sie Ihre Liste für den Tag, die Woche oder auch für ein bestimmtes Projekt. Sie können sie so detailliert oder allgemein halten, wie Sie wollen.
2. Viel Spaß beim Gestalten Ihrer Liste! Sie können sich selbst malen, wie Sie die einzelnen Aufgaben erledigen, oder Sie malen einen Gegenstand, der Ihnen dabei hilft.

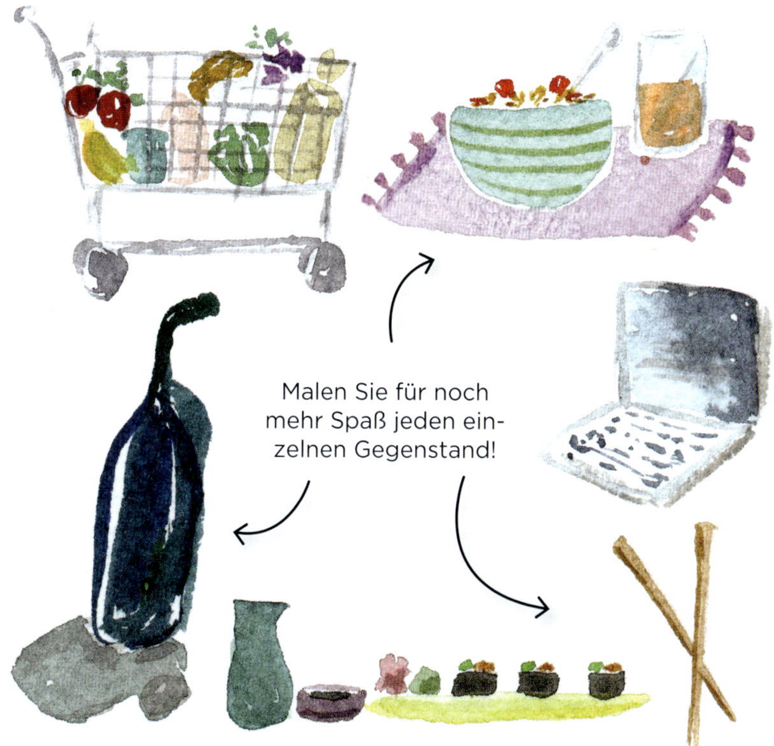

PROBIEREN SIE DAS!

Wenn Sie oder Ihre Mitbewohner visuelle Typen sind, können Sie Haushaltsaufgaben mit illustrierten Karten darstellen. Jeden Tag können Sie sie entsprechend Ihrer Liste austauschen.

ILLUSTRIERTES ESSENSTAGEBUCH

Notieren Sie alles, was Sie an einem Tag essen, um einen Überblick über Ihre Ernährungsgewohnheiten zu erhalten. Malen Sie dann alle Speisen auf Ihrer Liste! So führen Sie sich optisch all die Farbenpracht der Speisen vor Augen, die Sie an diesem Tag zu sich genommen haben.

Aufgabe

1. Nehmen Sie sich am Abend kurz Zeit und rekapitulieren Sie, was Sie zu jeder Mahlzeit zu sich genommen haben.
2. Stellen Sie jede Mahlzeit so detailliert oder abstrakt dar, wie Sie möchten. Achten Sie dabei auf lebendige und auffällige Farben und Formen.
3. Genießen Sie die Aufgabe! Lassen Sie los und vergessen Sie nicht, bei Bedarf weißen Leerraum für mehr Definition zu lassen.

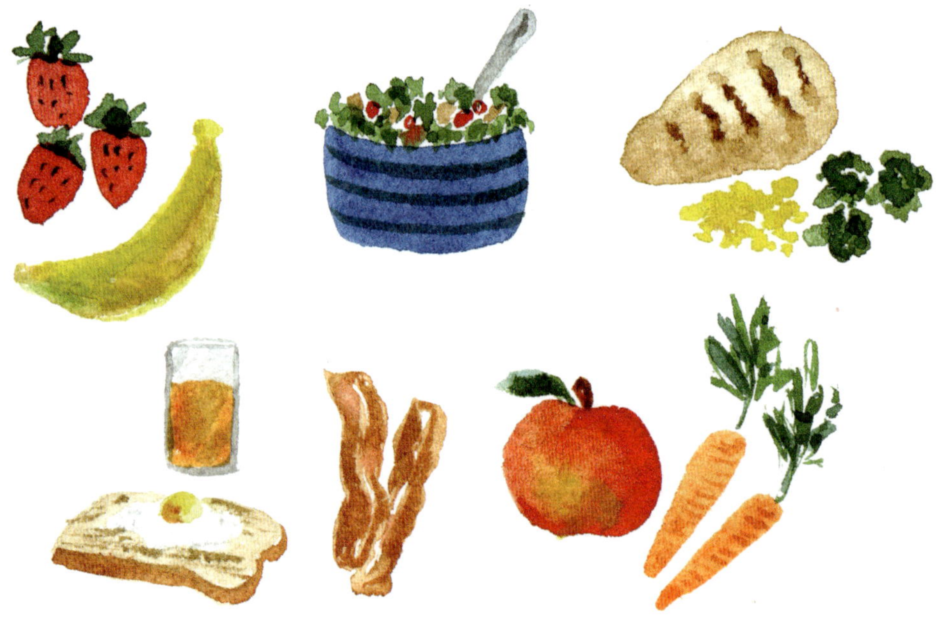

Es macht Spaß und ist manchmal äußerst aufschlussreich, all die Lebensmittel auf einen Blick zu sehen. Vielleicht inspiriert Sie der Gedanke ans Malen ja auch dazu, sich gesünder zu ernähren!

IHRE LEIDENSCHAFTEN

Jeder Mensch hat eine Leidenschaft oder etwas, wofür er brennt und was ihn wirklich mit Glück erfüllt. Das können Kinder, das Zuhause, der Job, ein politisches oder soziales Anliegen, das soziale Umfeld, ein Hobby oder Reisen sein. Viele Menschen begeistern sich auch für mehrere Dinge!

Aufgabe

1. Überlegen Sie, wofür Ihr Herz schlägt, und erstellen Sie eine Liste von Dingen, die Ihnen dazu einfallen.
2. Stellen Sie jeden Punkt auf Ihrer Liste entweder direkt oder symbolisch dar. Sie können auch ein Bild malen, das Ihre Leidenschaft insgesamt symbolisiert. Bringen Sie Ihre Leidenschaft in Ihrem Gemälde zum Ausdruck!

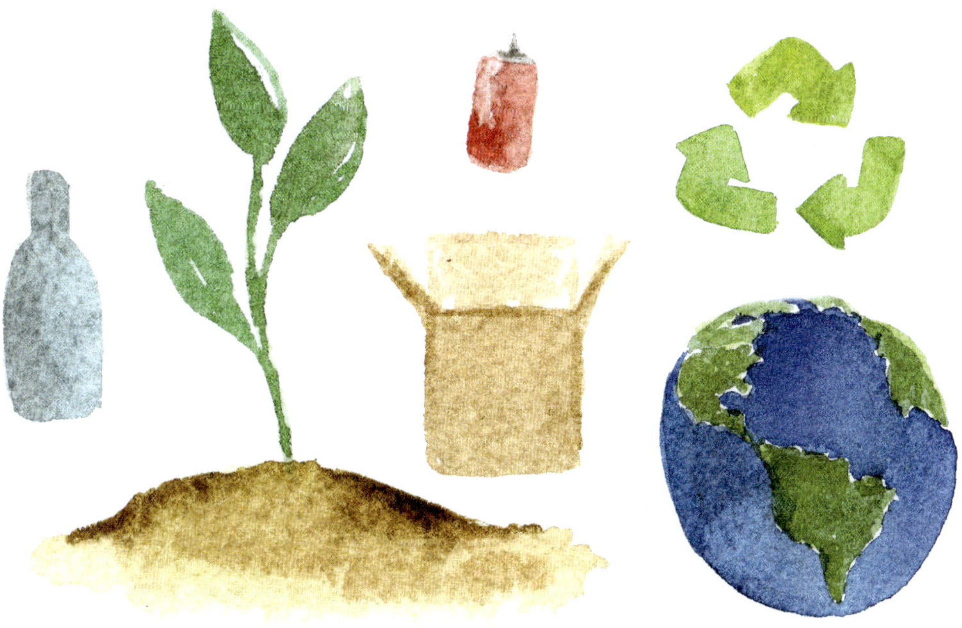

Sie können Ihre Bilder einscannen und die Elemente mit einem Fotobearbeitungsprogramm verschieben, um eine Illustration ganz nach Ihren Wünschen zu erstellen.

FUCHS

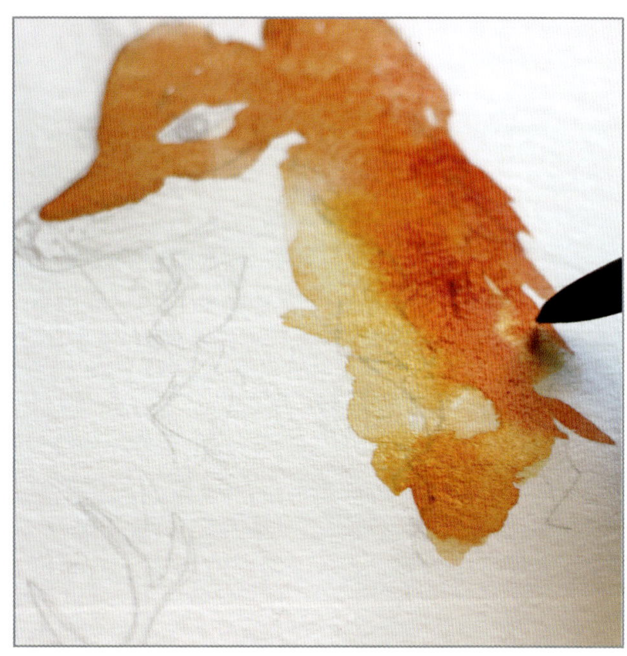

Tragen Sie eine leichte orangefarbene Lasur gleichmäßig auf trockenem Papier auf, sparen Sie dabei die weißen Teile des Fells aus. Während die Farbe noch nass ist, können Sie leuchtendes Gelb, Rot und Orange für mehr Ausdruckskraft auftragen.

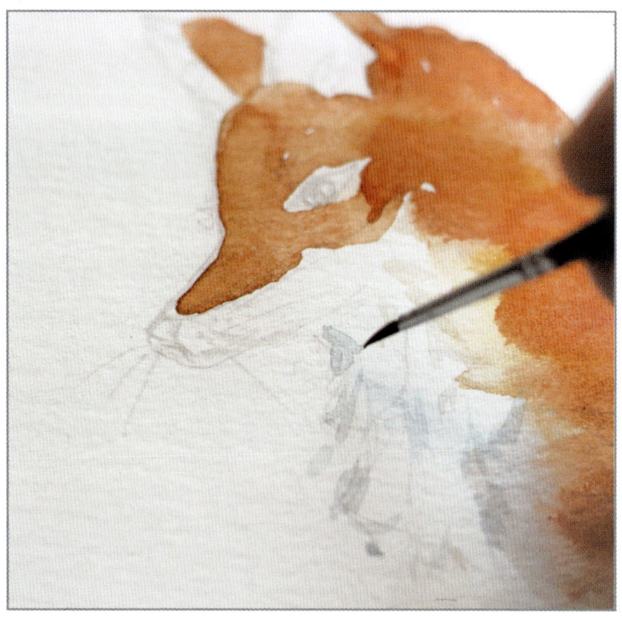

Malen Sie mit hellgrauer Farbe in den weißen Bereichen die Details des Fells, um Tiefe zu erzeugen. Übertreiben Sie es nicht – Sie müssen nur den Eindruck von Fell erwecken, nicht jedes einzelne Haar abbilden.

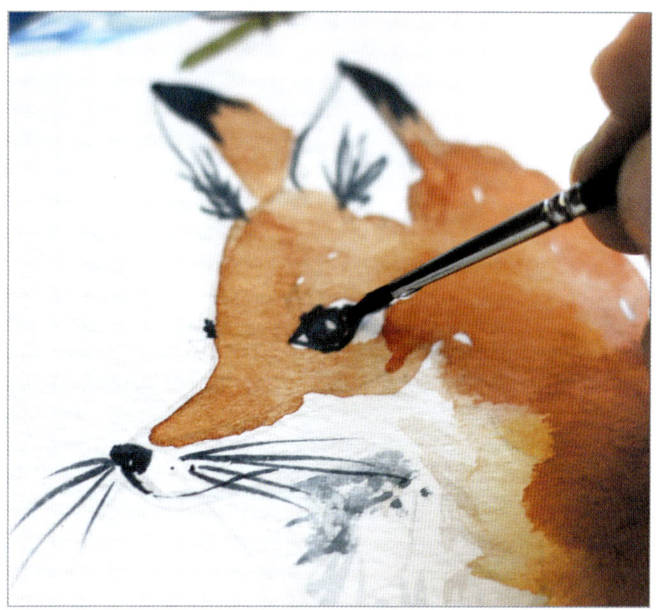

Verwenden Sie schwarze Farbe für die Nase, den Mund, die Augen, die Schnurrhaare und die Haare im Innenohr. Malen Sie die Spitzen der Ohren schwarz. Verdünnen Sie die schwarze Farbe zum Aufhellen mit Wasser und fügen Sie für mehr räumliche Wirkung einen Schatten unter dem Kinn sowie ein paar Striche im Brustfell hinzu.

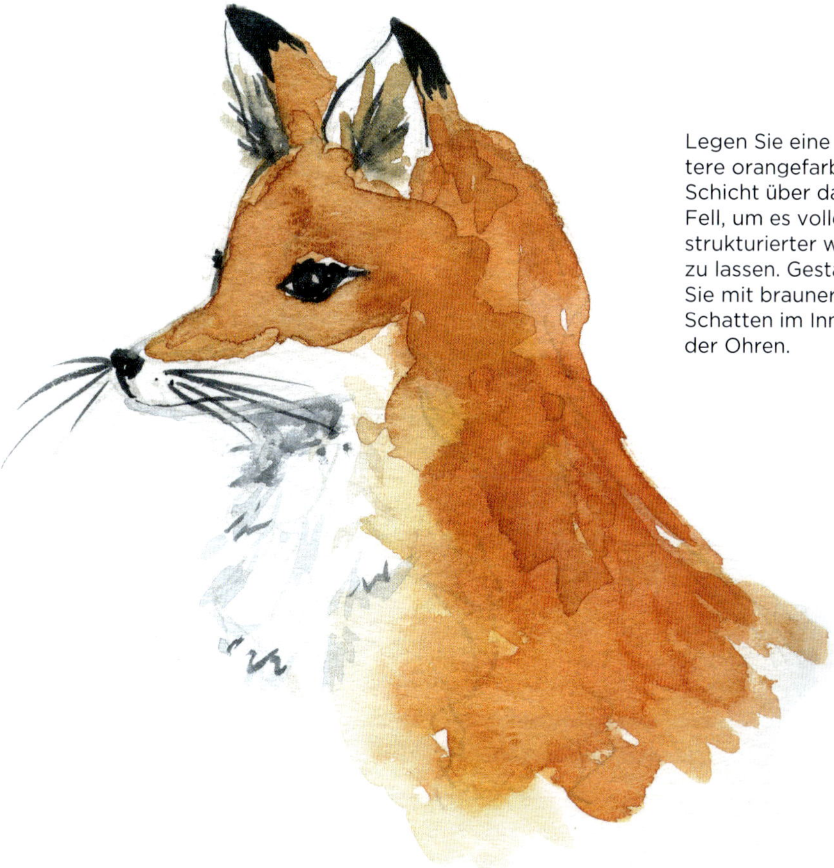

Legen Sie eine weitere orangefarbene Schicht über das Fell, um es voller und strukturierter wirken zu lassen. Gestalten Sie mit brauner Farbe Schatten im Inneren der Ohren.

EICHHÖRNCHEN

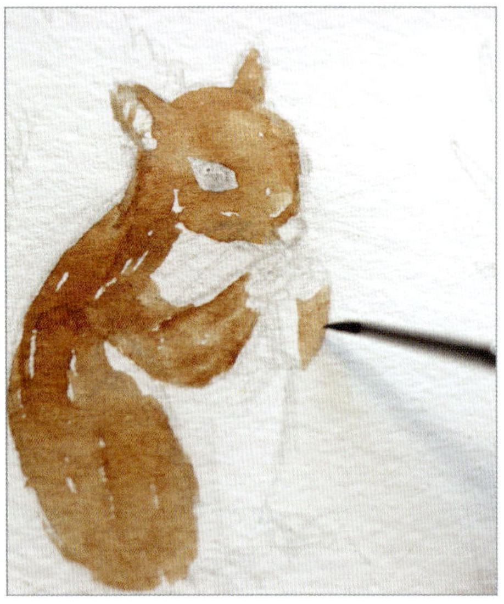

Tragen Sie eine hellbraune Lasur auf den Körper auf und lassen Sie das Weiß des Papiers für das weiße Fell frei. Sparen Sie ein paar Stellen in der braunen Fläche für Glanzpunkte aus.

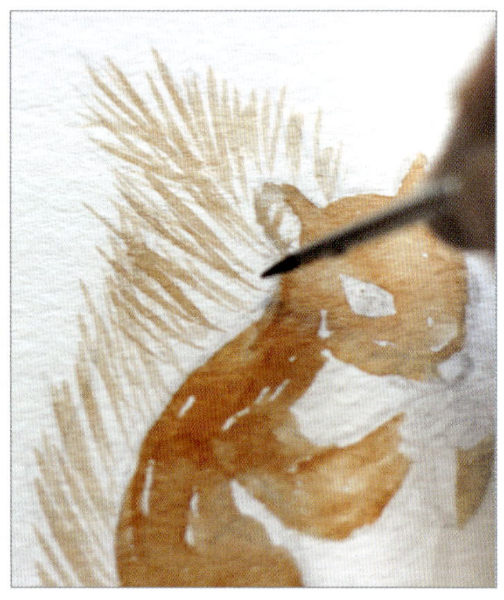

Eichhörnchenschwänze sind in der Mitte dunkler und an den Rändern heller – ein wichtiges Detail, da Sie zuerst mit der helleren Farbe beginnen müssen. Verwenden Sie leichte, schwungvolle Striche, die vom Körper des Eichhörnchens ausgehen.

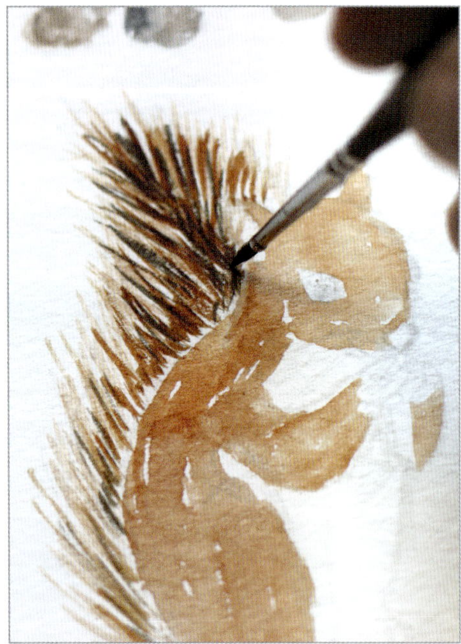

Fügen Sie nach und nach dunklere Brauntöne hinzu, bis Ihnen der dunkelste Farbton gefällt. Bedenken Sie, dass Sie später weder Weiß noch hellere Töne wieder hinzufügen können. Setzen Sie dunkle Farben also sparsam ein.

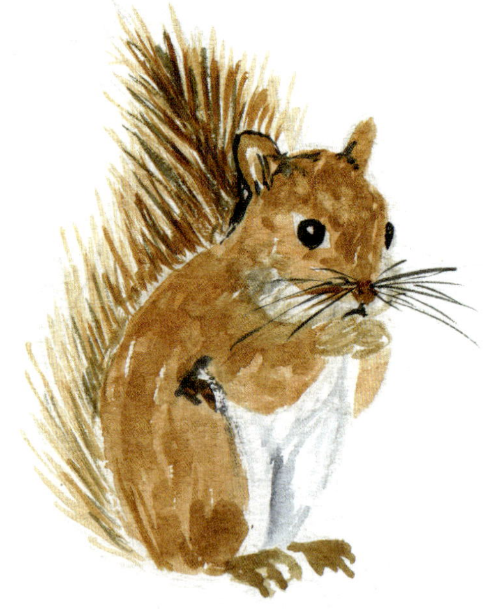

Malen Sie mit schwarzer Farbe Nase, Mund und Schnurrhaare sowie Augen und ein paar dunkle Akzente. Setzen Sie graue Details und Schatten auf das weiße Fell. Für zusätzliche Struktur tragen Sie eine weitere Farbschicht auf das braune Fell auf.

KANINCHEN

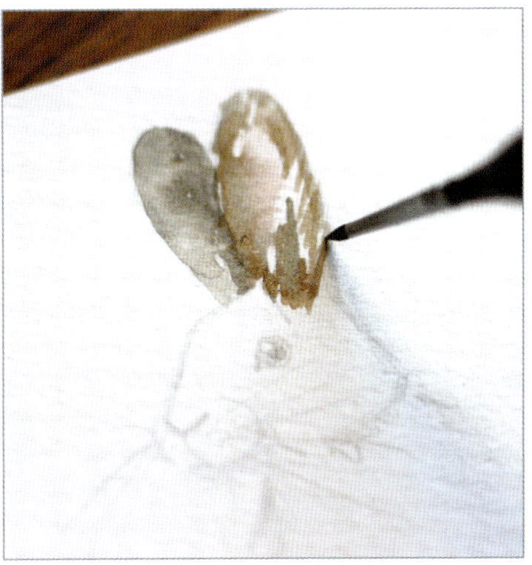

Beginnen Sie mit den Ohren des Kaninchens und arbeiten Sie sich am Körper entlang. Das Fell ist sehr strukturiert; verwenden Sie fleckige, dünne Striche.

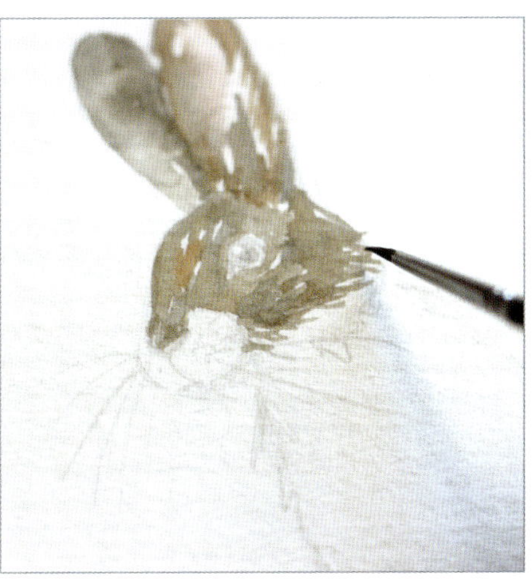

Kaninchenfell wirkt sehr plastisch und nuanciert. Verwenden Sie verschiedene Grau- und Brauntöne, um diese Wirkung zu erzeugen, und sparen Sie weiße Bereiche aus. Malen Sie die dünnen Fellstriche in Wuchsrichtung.

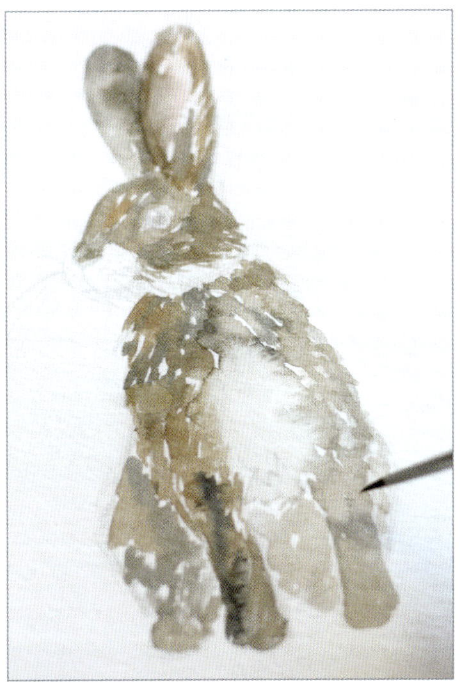

Stellen Sie den Körper mit fleckigen Abwärtsstrichen dar und lassen Sie dabei weiße Stellen für Glanzpunkte und als Abgrenzung frei. Die Mitte des Körpers ist hell, aber nicht weiß. Verwenden Sie stark verdünnte Farbe.

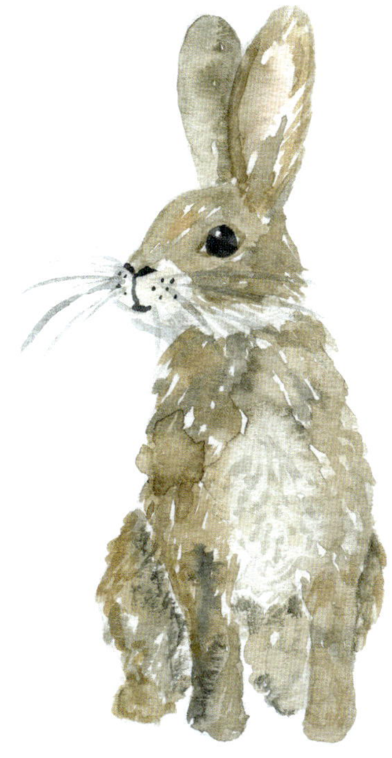

Fügen Sie Nase, Maul, Schnurrhaare und Details der Augen hinzu. Definieren Sie die weißen und hellen Bereiche des Fells mit Hellgrau.

HUHN

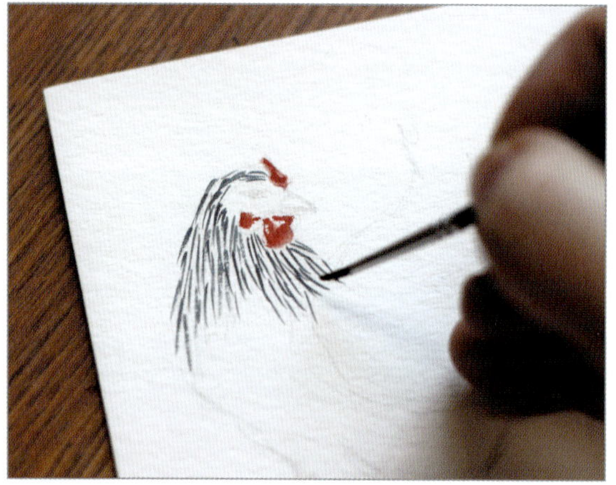

Malen Sie zunächst die roten Bereiche auf dem Kopf des Huhns. Lassen Sie kleine weiße Bereiche als Glanzpunkte frei. Malen Sie mit einem feinen Pinsel kleine Striche in Richtung der Federn. Diese Rasse hier hat lange schwarz-weiße Halsfedern. Lassen Sie viele weiße Bereiche für die weißen Federn aus.

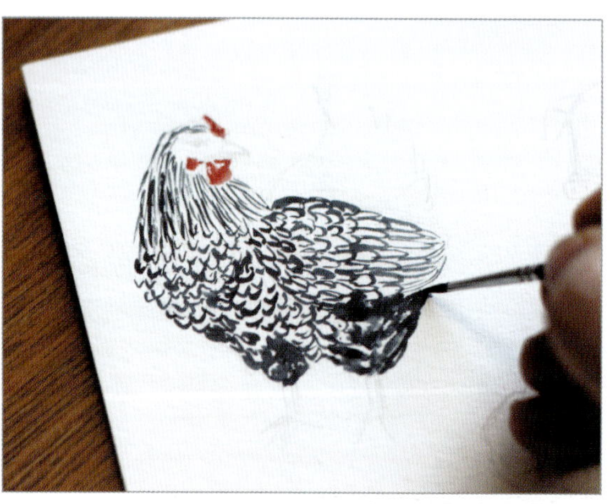

Malen Sie kleine Bogenformen auf der Brust und den Flügeln. Grenzen Sie die Flügel vom Körper ab, indem Sie die Federn etwas länger gestalten und sie linear verlaufen lassen. Malen Sie die Beinfedern dunkler und dichter, sodass weniger Weiß hervorblitzt. Stellen Sie die Federn an der Flügelspitze mit langen, spitz zulaufenden Strichen dar.

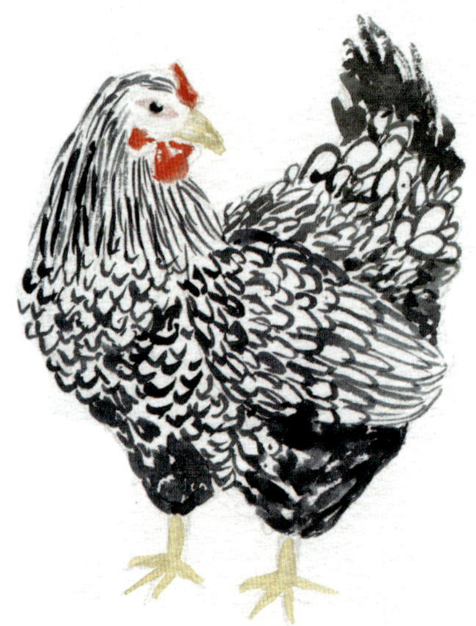

Gestalten Sie die Federn entlang des Schwanzes wie einen Fächer. Fügen Sie Details an Füßen, Schnabel und Augen hinzu.

SCHWEIN

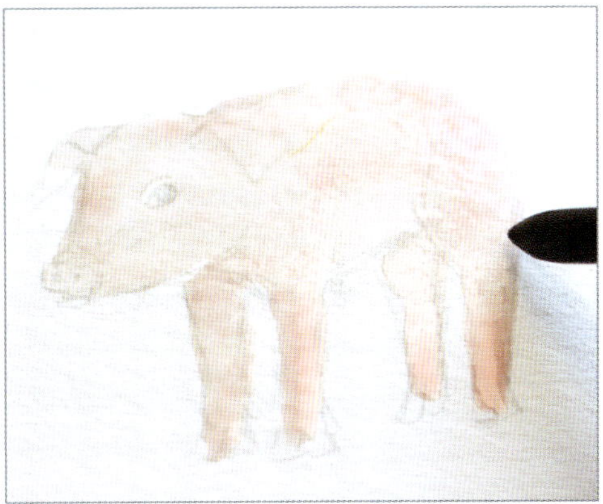

Legen Sie zunächst eine erste helle Schicht Rosa auf den Körper des Schweins.

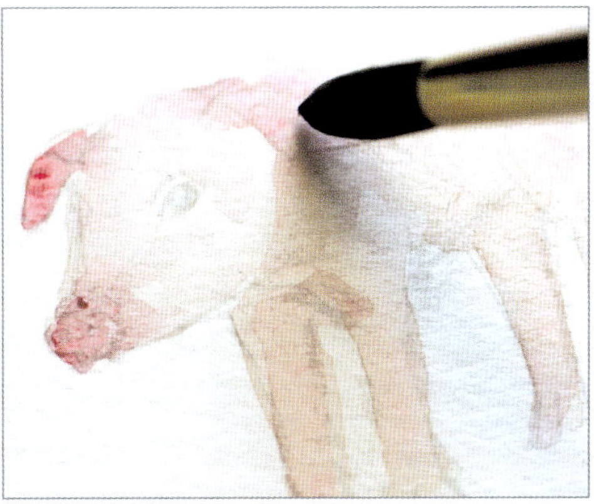

Fügen Sie einen intensiveren Rosaton an Ohren und Nase für die räumliche Wirkung hinzu. Versehen Sie den Körper mit einer weiteren Schicht Hellrosa, um Textur und Tiefe zu erzeugen.

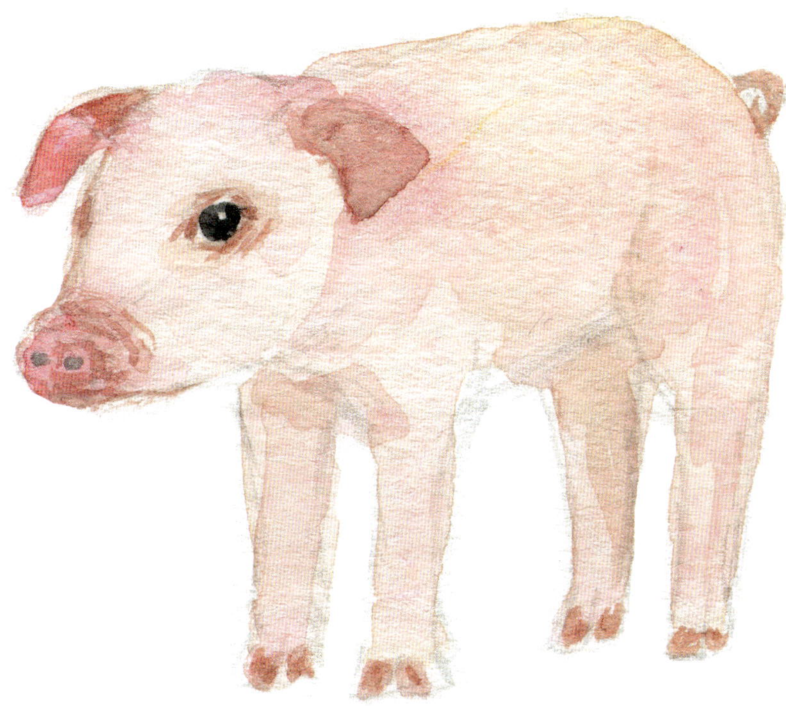

Fügen Sie Details an der Nase, dem Auge und den Klauen hinzu. Stellen Sie mit einem etwas dunkleren Rosa Fältchen um die Augen und die Nase dar. Ein paar Linien reichen aus!

HUND

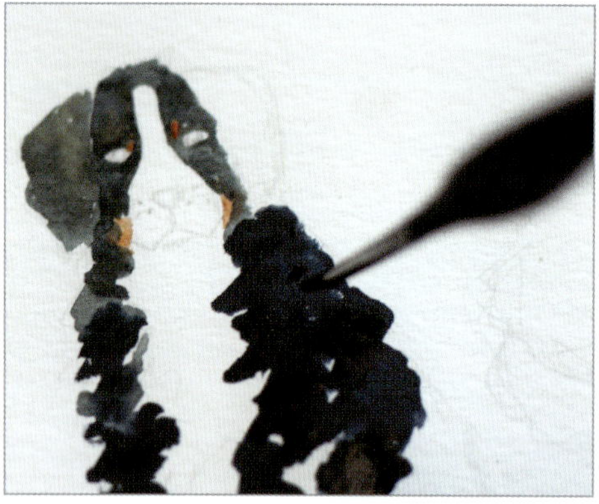

Malen Sie zunächst mit Braun kleine Augenbrauen und kleine Flecken an den Seiten des Gesichts. Dann malen Sie den schwarzen Körper. Tragen Sie dabei die Farbe ungleichmäßig und in mehreren Schichten auf, um die Textur des Hundefells anzudeuten.

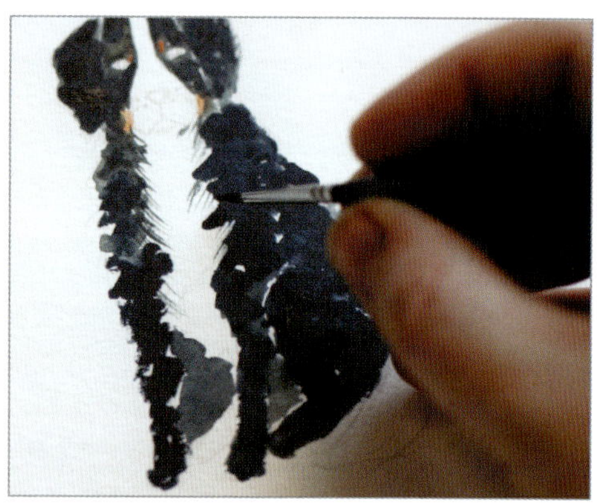

Definieren Sie die Ränder des weißen Brustfells mit schwarzer Farbe. Setzen Sie dazu leichte, schwungvolle Pinselstriche vom schwarzen Bereich Richtung Brust.

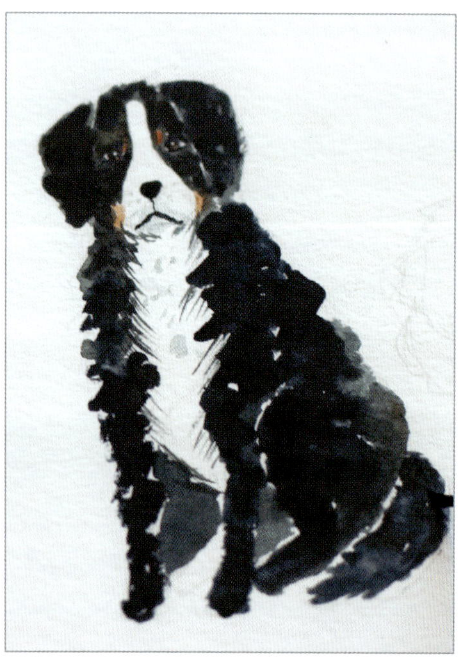

Fügen Sie Details für Nase, Mund und Augen hinzu. Definieren Sie das weiße Fell an Mund und Brust mit hellgrauer Farbe.

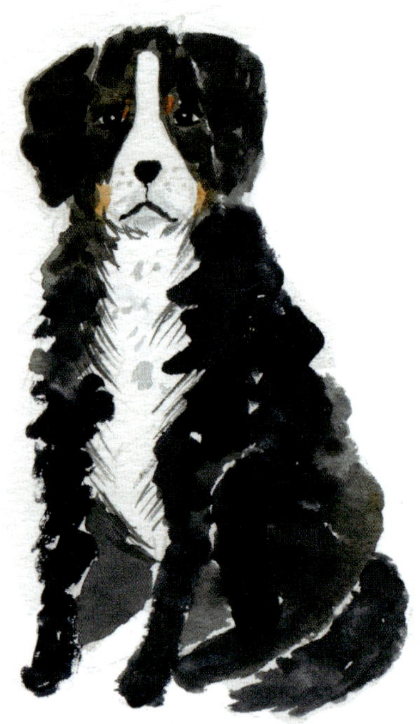

Achten Sie darauf, das rechte Hinterbein des Hundes, das sich weiter hinten befindet als die anderen drei Beine, in einem helleren Schwarz darzustellen. Dunklere Farben treten auf dem Blatt scheinbar nach vorn, hellere Farben nach hinten. Dies ist ein wichtiges Konzept, um Distanz zu vermitteln.

KATZE

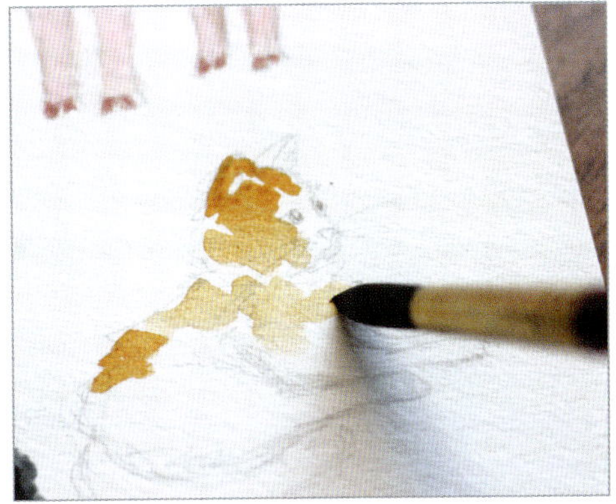

Malen Sie für das Fell der Katze zunächst orangefarbene Flecken. Da diese Katze auch weiße Stellen im Fell hat, sollten Sie viel weißen Raum als Kontrast aussparen.

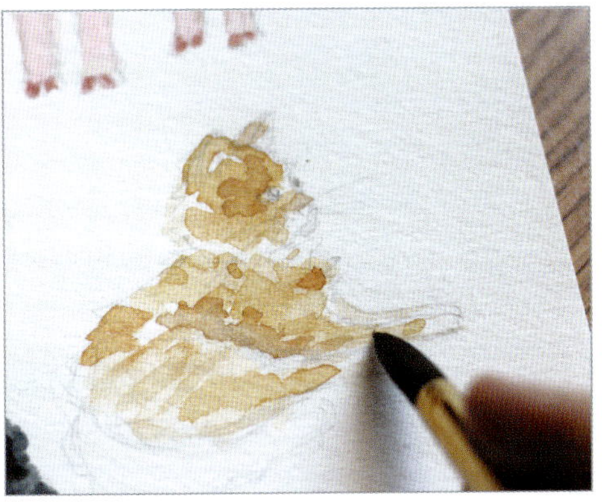

Fügen Sie mit einem dunkleren Orangeton mehr definierte Flecken und Streifen hinzu. Denken Sie daran, dass Sie im Nachhinein keine weißen und hellen Farben hinzufügen können. Setzen Sie also dunklere Farben mit Bedacht ein.

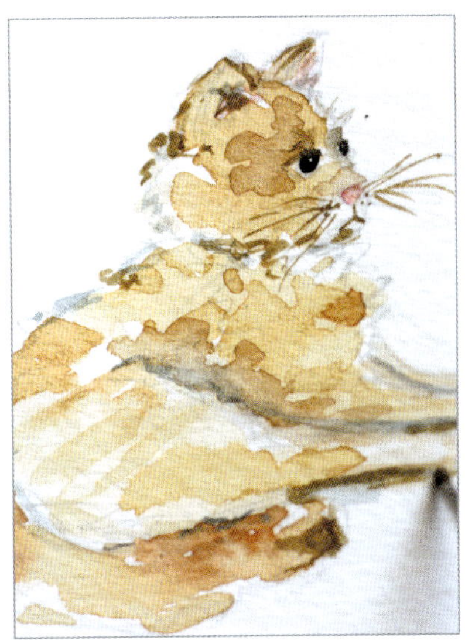

Fügen Sie Nase, Maul, Schnurrhaare und Details der Augen hinzu. Tragen Sie ein dunkleres Braun auf, um die Beine, den Kopf, die Ohren und den Schwanz zu definieren. Definieren Sie dann mit hellgrauer Farbe Bereiche des weißen Fells.

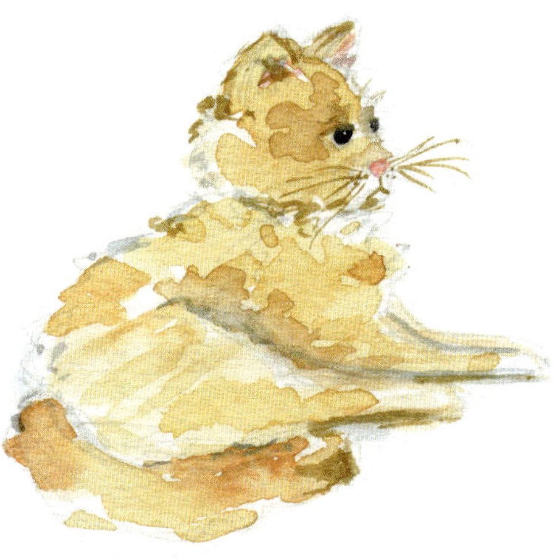

Beachten Sie, wie diese Darstellung einer Katze eigentlich nichts weiter ist als ein paar einfache Pinselstriche und Variationen im Tonwert, die Tiefe erzeugen. Sie müssen kein begnadeter Künstler sein, um mit Aquarellfarben zu arbeiten. Jeder kann einfache Bilder wie dieses malen!

KÄFER

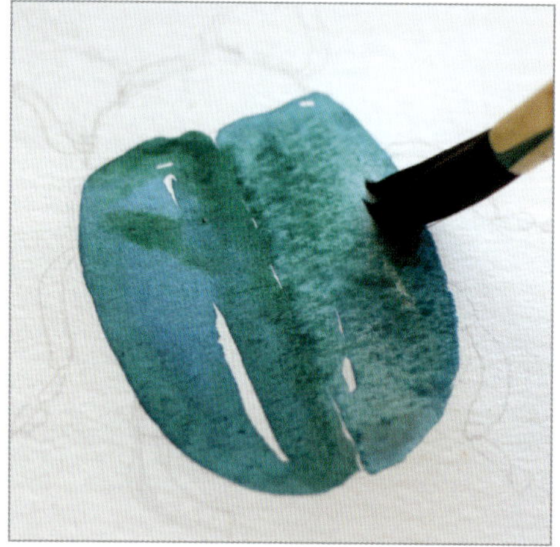

Malen Sie zunächst den Käfer in einem gleichmäßigen blau-grünen Farbton und lassen Sie dabei weiße Glanzpunkte frei.

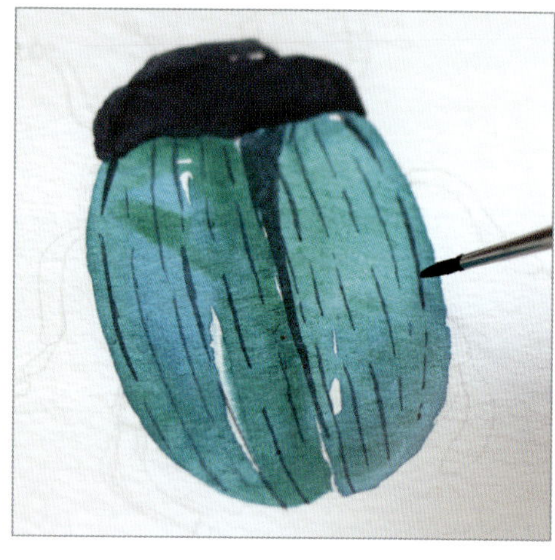

Malen Sie den oberen Bereich des Käfers schwarz aus und ziehen Sie etwas Farbe nach unten in die Reflexion auf dem Panzer. Für die Musterung malen Sie dünne, ungleichmäßige Linien auf dem Panzer und folgen Sie dabei dessen natürlicher Rundung.

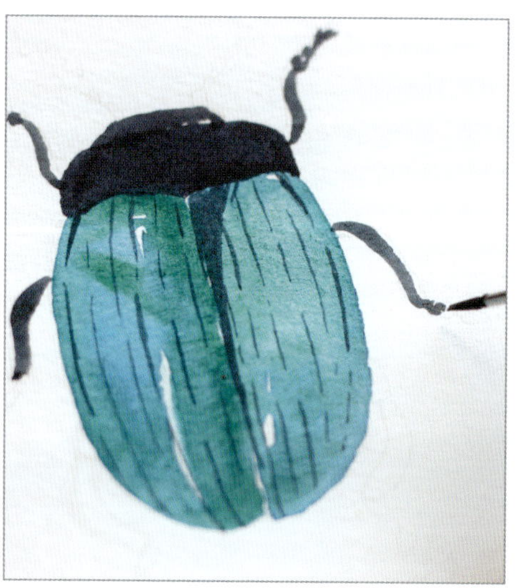

Malen Sie die Beine. Unregelmäßige Pinselstriche an den Enden erzeugen eine simple Textur ohne übermäßige Details.

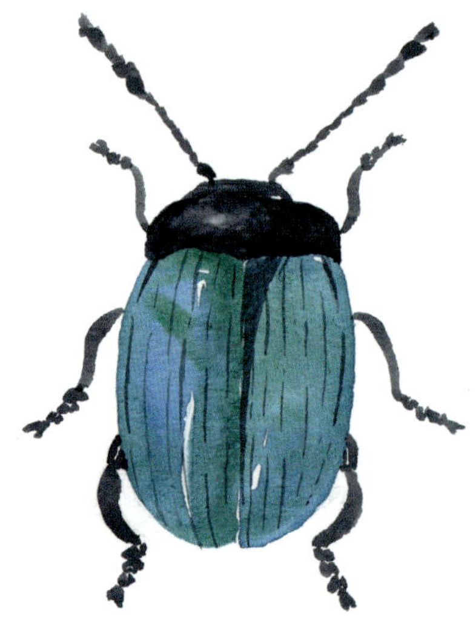

Setzen Sie beim Malen der Fühler schnelle Striche für ein strukturiertes Aussehen. Beginnen Sie mit kleinen Strichen, die zur Spitze hin immer größer werden.

SCHMETTERLING

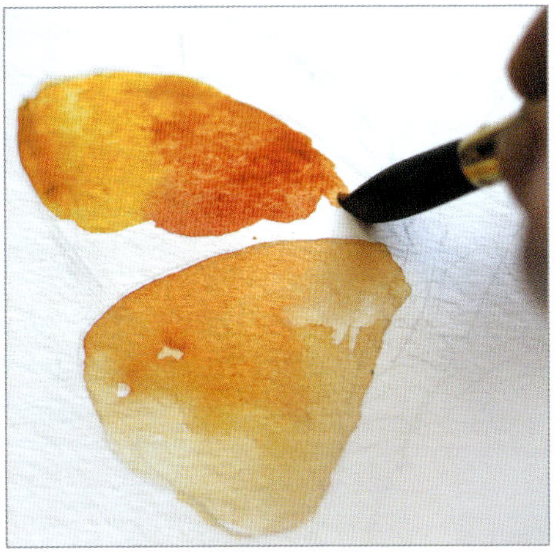

Gestalten Sie eine erste Farblage. Verleihen Sie dem Motiv mit verschiedenen Orange- und Gelbtöne mehr Ausdruckskraft.

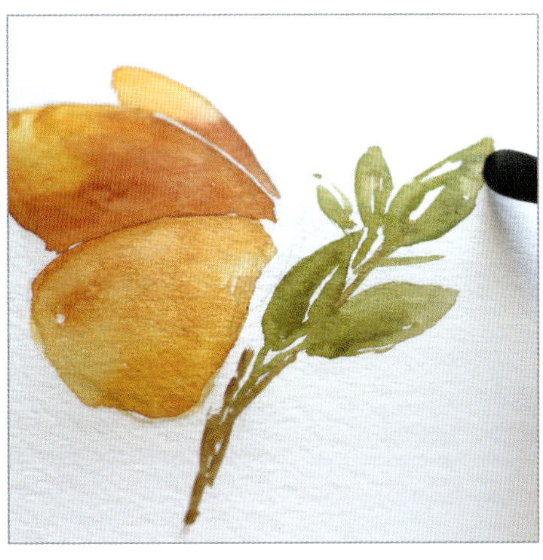

Während die Flügel trocknen, gestalten Sie die Blätter, die Blüten oder den Zweig. Malen Sie diese noch am Anfang Ihrer Arbeit, damit sie trocknen können, bevor Sie den Körper und die Beine des Schmetterlings hinzufügen.

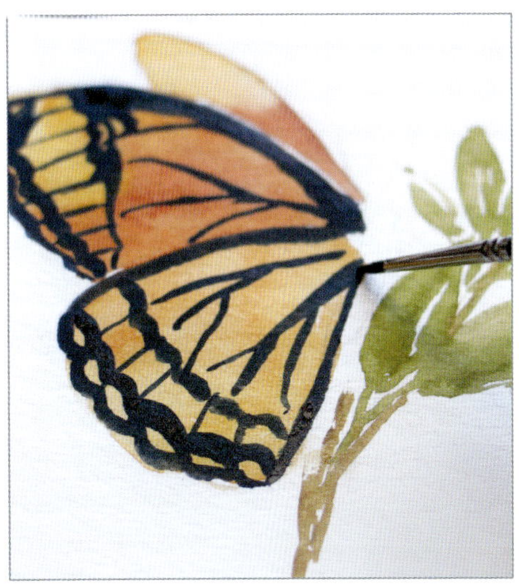

Stellen Sie mit schwarzer Farbe Linien auf den Flügeln dar. Wenden Sie leichten Druck für die dünnen Striche und festen Druck für die dicken an.

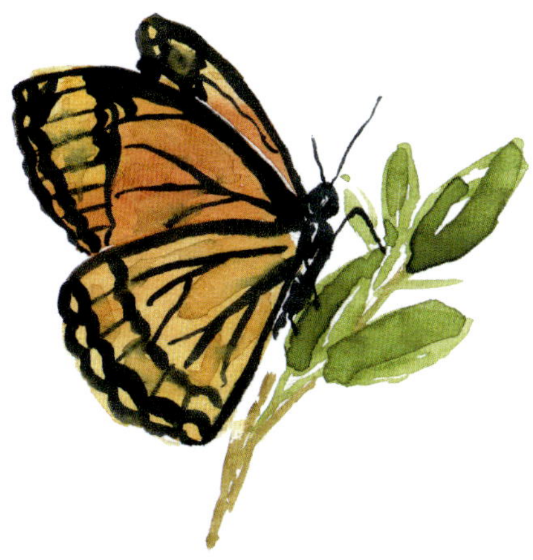

Malen Sie den Körper, die Beine und die Fühler. Lassen Sie auf dem Körper weiße Stellen als Glanzpunkte frei.

ELEFANT

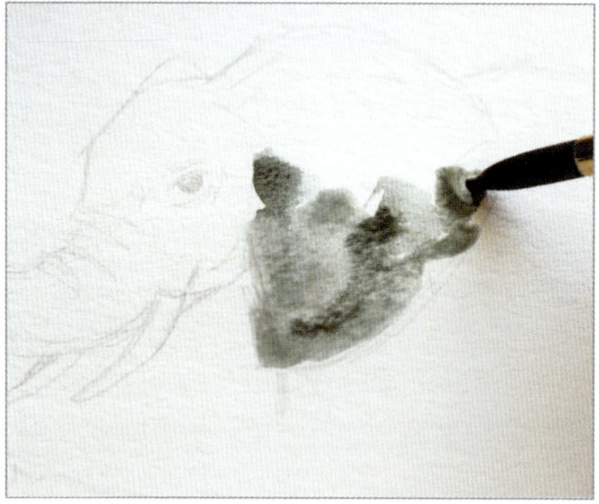

Malen Sie zunächst das Ohr des Elefanten mit einer hellgrauen Farbe und lassen Sie an den entsprechenden Stellen, etwa an der Innenseite des Ohrs, weiße Bereiche für Glanzpunkte frei.

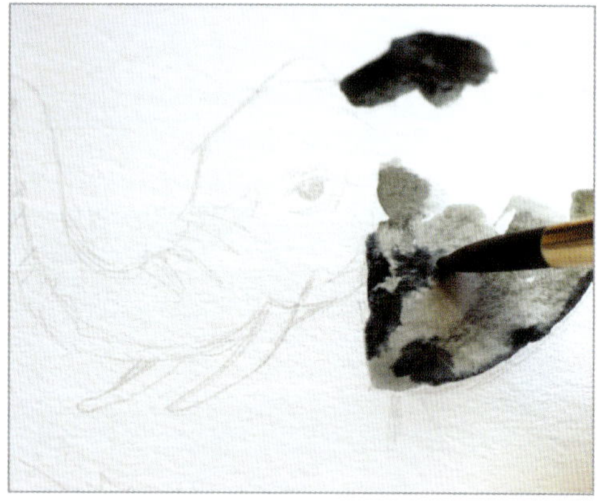

Fügen Sie verschiedene Grau- und Blautöne hinzu, solange die Farbe noch nass ist. Arbeiten Sie dabei recht zügig, damit ein Bereich nicht trocknet, bevor Sie den gesamten Abschnitt malen können.

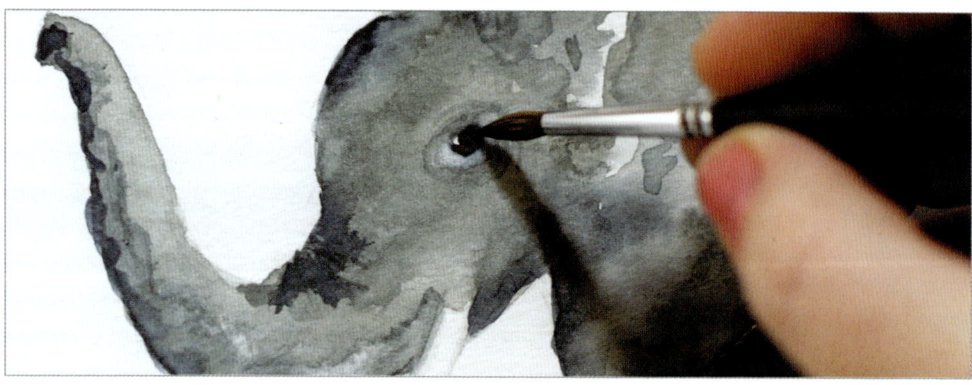

Fügen Sie für Schatten und Definition dunklere Grau- und Blautöne unter dem Hals, an der Rüsselunterseite und in den faltigen Bereichen hinzu.

Deuten Sie Falten am Rüssel, rund um die Augen und am Körper an. Übertreiben Sie es nicht mit den Falten – schon ein paar reichen aus, um den Eindruck von faltiger, strukturierter Haut zu erzeugen. Fügen Sie Details an den Augen und Schattierungen unter dem Hals und den Stoßzähnen hinzu.

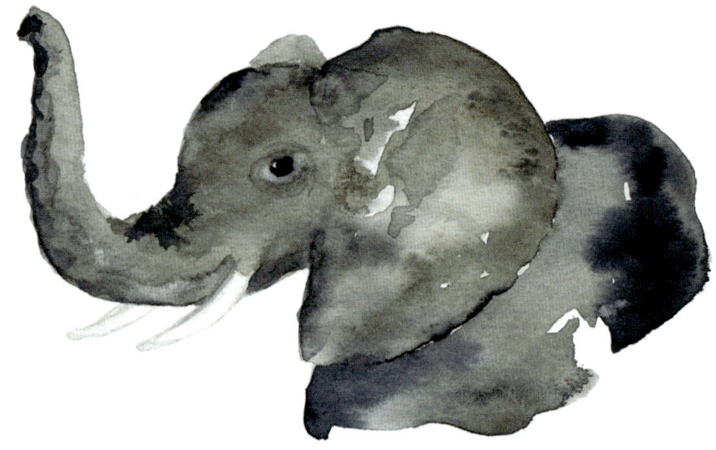

LÖWE

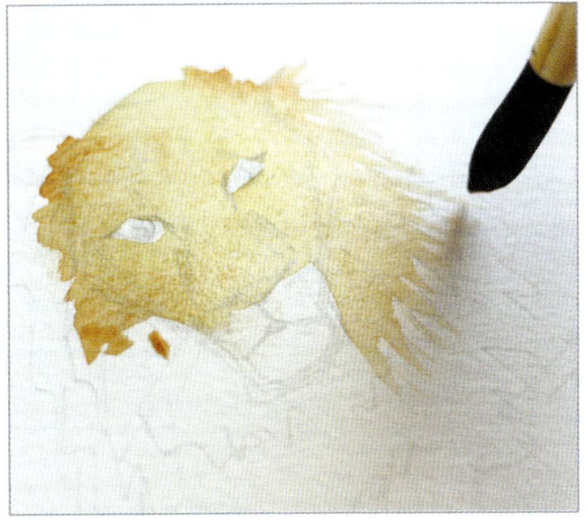

Malen Sie zunächst das Gesicht hellorange. Vergessen Sie nicht, die helleren Fellbereiche unbemalt zu lassen. Versehen Sie die Mähne mit orangefarbenen Akzenten. Setzen Sie leichte Striche vom Gesicht nach außen, um den Eindruck von Fell zu erzeugen.

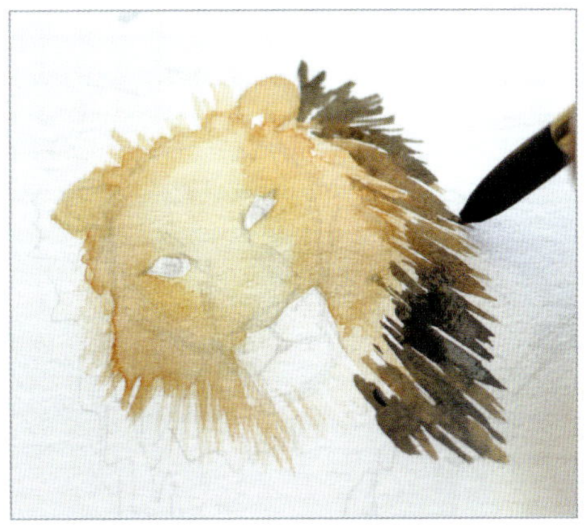

Stellen Sie die dunklen Fellbereiche mit schokoladebrauner Farbe dar. Führen Sie leichte Striche direkt über dem orangefarbenen Haaransatz nach außen. Dadurch sieht es so aus, als ob die orangefarbenen Haare mit den braunen Haaren an der Stelle verschmelzen, wo sie aufeinandertreffen. Lassen Sie weiße Bereiche für Definition und Glanzpunkte frei.

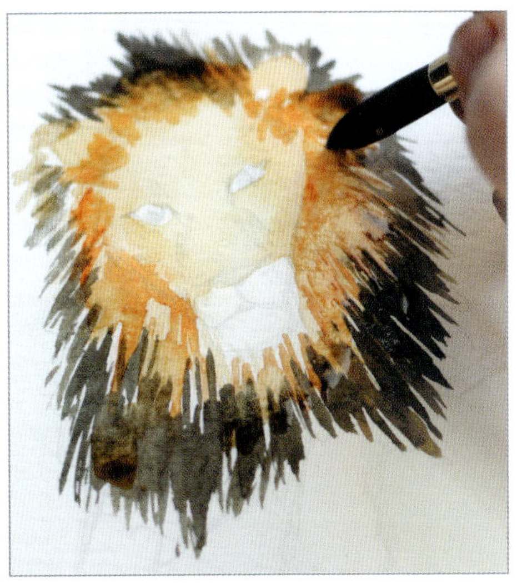

Lassen Sie mehr Orange in die Mähne einfließen. Wählen Sie dabei einen Farbton, der etwas dunkler ist als das Gesicht.

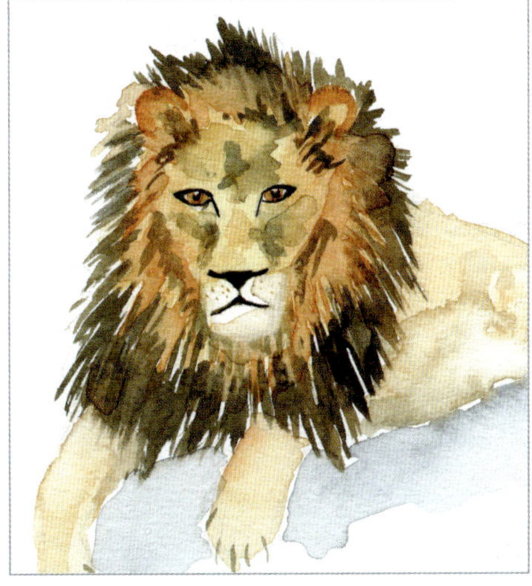

Malen Sie die Augen, die Nase und den Mund. Definieren Sie die Ohren und die Haare rundherum und innen. Fügen Sie hellbraune Flecken für die Textur auf dem Gesicht und ein dunkleres Braun hinzu, um die Gesichtskonturen von der Mähne abzugrenzen.

WERDEN SIE KREATIV:

TIERSTUDIEN

Der Gedanke, Tiere zu malen, kann zunächst ganz schön einschüchternd wirken. Wenn Sie aber Ihr Motiv in einzelne Grundformen zerlegen, lässt sich das Ganze gleich viel einfacher bewältigen. So sind etwa die Grundformen eines Kaninchens Kreise und Ovale, während der Kopf einer Kuh eher eckig ist und sich aus Quadraten und Dreiecken zusammensetzt.

Aufgabe

1. Suchen Sie sich ein Tier aus, das Sie gern malen möchten, und skizzieren Sie leicht dessen Grundformen. Verbinden Sie dann die einzelnen Formen mit geschwungenen Linien. So erhalten Sie eine praktische Grundskizze für Ihr Gemälde.
2. Denken Sie daran, dass für die einzelnen Tiere jeweils andere Pinselstriche und Techniken zur Darstellung von Haaren, Fell oder Federn vonnöten sind: Das bedeutet kurze, abgehackte Pinselstriche für pelzige Tiere; lange Pinselstriche für die Mähne eines Pferdes; überlagerte und unregelmäßige Musterungen für ledrige Haut und so weiter. Lassen Sie Ihren Pinsel geschickt für Sie arbeiten!

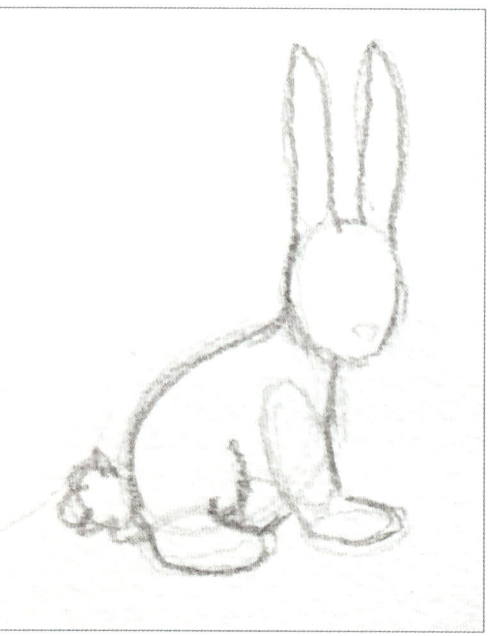

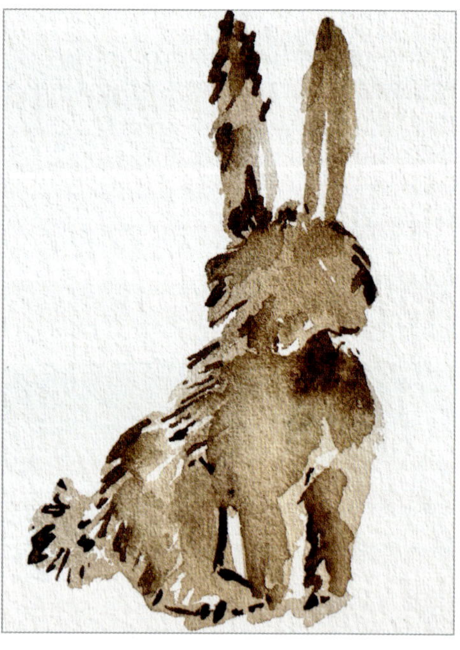

Beim Malen von Tieren ist es wichtig, räumliche Wirkung zu erzeugen und kleine Details darzustellen. Beginnen Sie dazu mit leichten Farblagen und lassen Sie diese vor dem nächsten Auftrag vollständig trocknen.

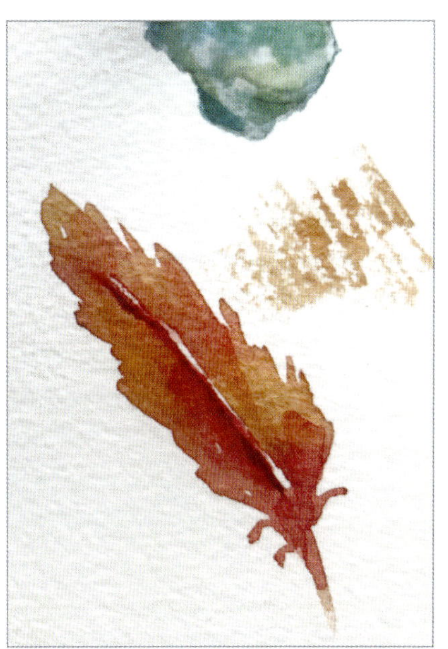

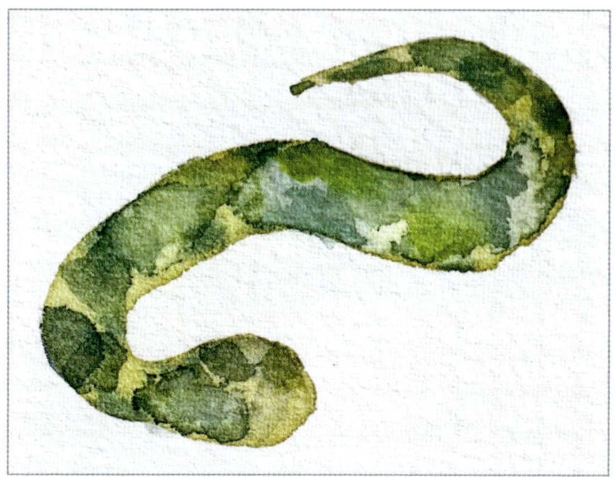

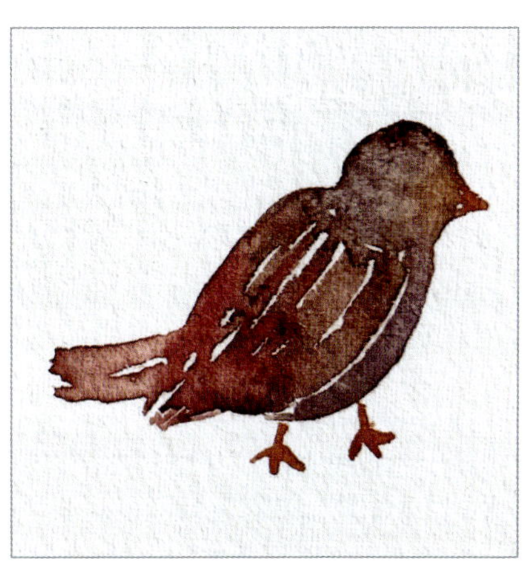

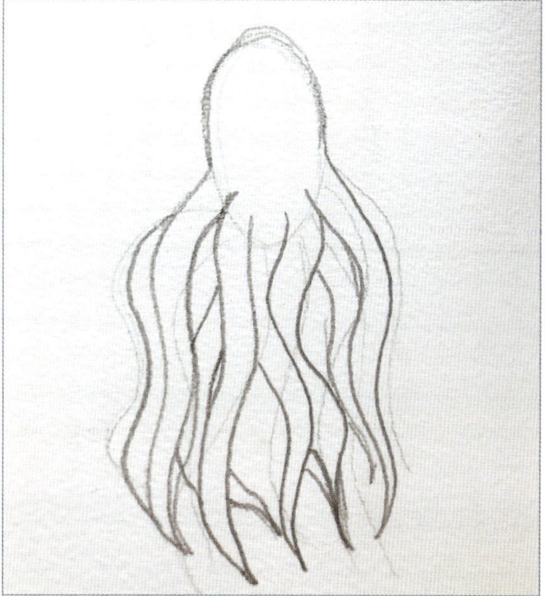

Setzen Sie auf kreative Weise Mark Making und andere Techniken ein, um mit Texturen und Musterungen der Tiere zu experimentieren. Verwenden Sie für eine Schlange scharfe Konturen und Überlagerungen, für ein Kaninchen kurze Striche und Verläufe und für einen Vogel glatte Ränder mit weißen Zwischenräumen zur Definition.

MENSCHLICHE GESICHTER

Porträts zu malen kann ganz schön knifflig sein. Dennoch lassen sich schon mit etwas Übung prägnante Gesichter darstellen, die das Wesen einer Person treffend einfangen. Genau wie bei Tieren können ein paar geschickt gesetzte Striche und Details enorm viel ausrichten. Werfen Sie einen Blick auf die Beispiele unten und beherzigen Sie die folgenden Tipps.

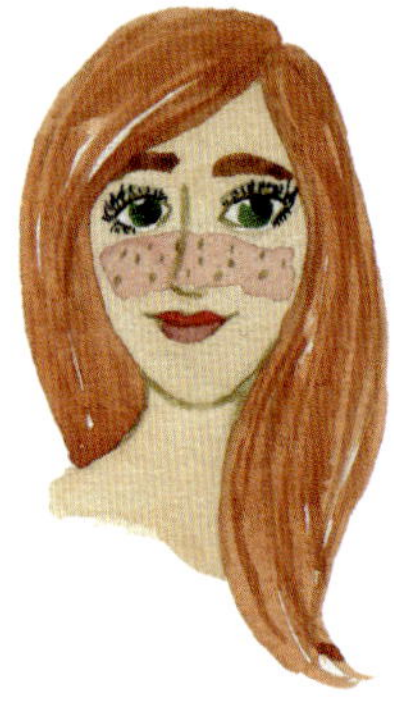

Mischen Sie blasse Hautfarben mit etwas Gelb, Rot und Braun, bis Sie das richtige Pigment erreichen – dieses Gesicht hat einen rosa Unterton.

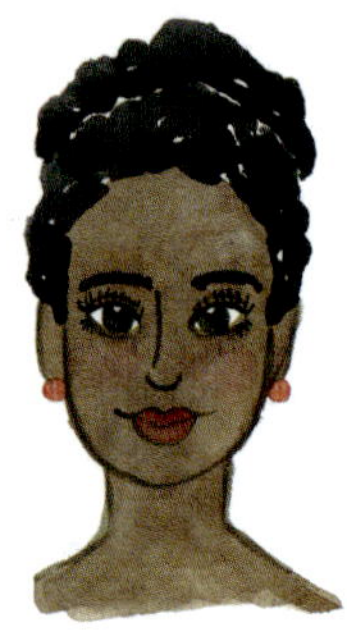

Mischen Sie dunkle Hautfarben mit Braun, Rot und Grün. Das Grün hilft dabei, die Mischung auszugleichen, damit sie nicht zu rot wird.

Bei dickem, lockigem Haar wie diesem sollten Sie vereinzelte weiße Stellen zur Verdeutlichung der Haarpartien frei lassen.

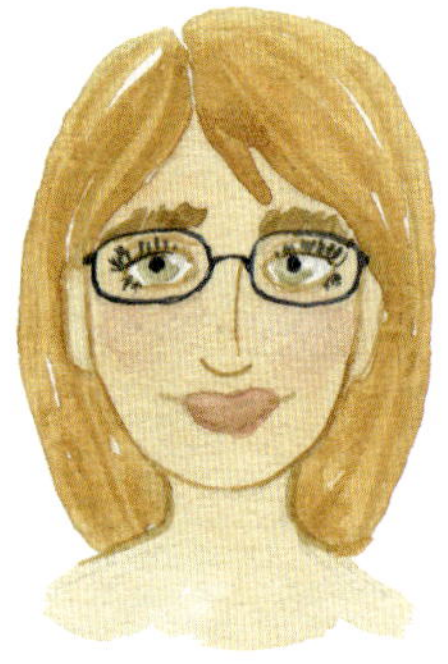

Für einen hellen Hautton mit einem goldenen Unterton kombinieren Sie Gelb, Rot und Braun, verwenden Sie jedoch mehr Gelb.

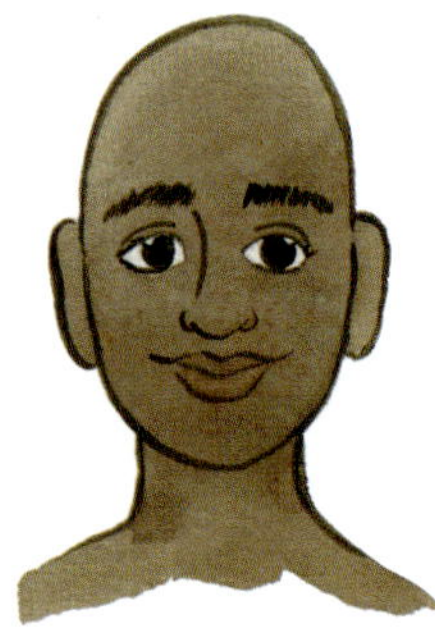

Diese dunkle Mischung aus Braun, Rot und Grün enthält etwas mehr Rot für den rötlichen Unterton. Verwenden Sie für die Lippen männlicher Figuren eine sehr helle Farbe.

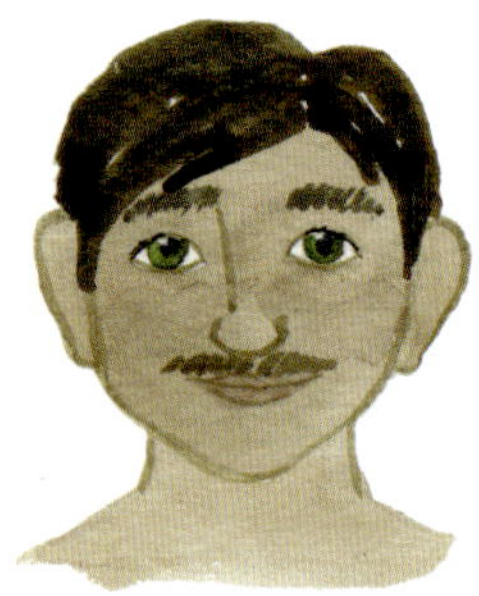

Wie bei den blassen Hauttönen handelt es sich auch bei hellbrauner oder gebräunter Haut um eine Mischung aus Gelb, Rot und Braun. Geben Sie so lange Farbe hinzu, bis Sie das richtige Pigment erreicht haben. Das Gelb verhindert, dass die Farbe zu dunkel wird.

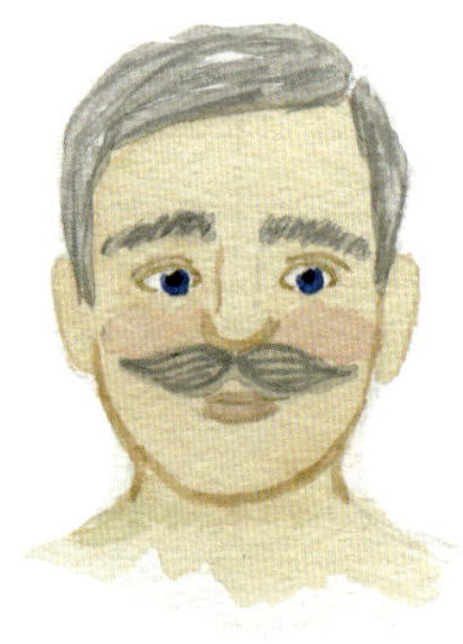

Für eine sehr blasse Hautfarbe kombinieren Sie Gelb, Rot und Braun wie gewohnt, aber verdünnen Sie die Mischung stark.

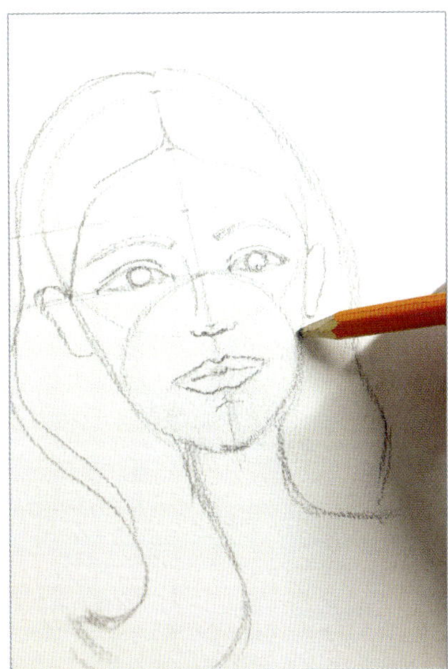

Wählen Sie als Vorlage ein Bild von einem Freund, von sich selbst oder von einer Person aus einer Zeitschrift.

Arbeiten Sie zunächst mit Bleistift, um die Formen und Linien des Gesichts zu bestimmen. Überarbeiten Sie die Skizze so lange, bis sie stimmig wirkt – diese Grundlage ist wichtig!

Wenn Sie damit zufrieden sind, kolorieren Sie das Ganze mit Aquarellfarben. Sehen Sie zu, dass Ihr Porträt der Person möglichst ähnlich sieht. Dabei dürfen Sie aber auch ruhig Ihren eigenen persönlichen Stil einfließen lassen und Dinge verändern. Es muss nicht unbedingt realistisch sein.

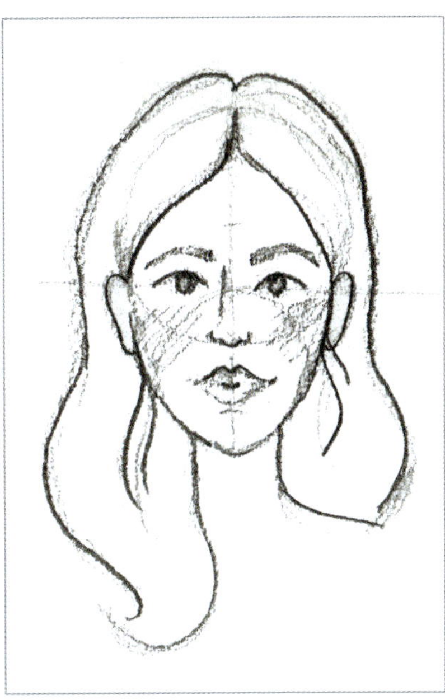

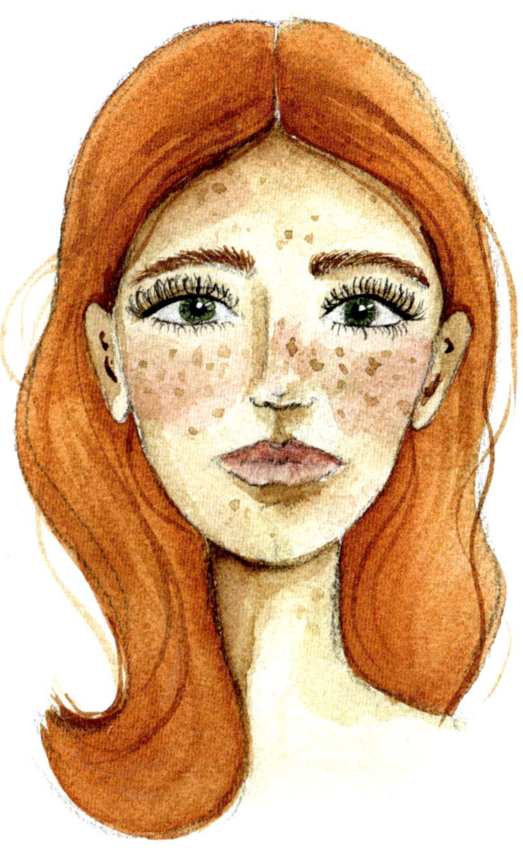

Haut, Haare, Augen und Lippen bestehen aus vielen verschiedenen Farben – und manche können sogar unerwartet sein. Scheuen Sie sich nicht, Blau-, Violett-, Rosa- und Gelbtöne unterzumischen, um den Gesichtern Tiefe zu verleihen und sie noch realistischer wirken zu lassen.

SZENEN IM FREIEN

SONNENUNTERGANG

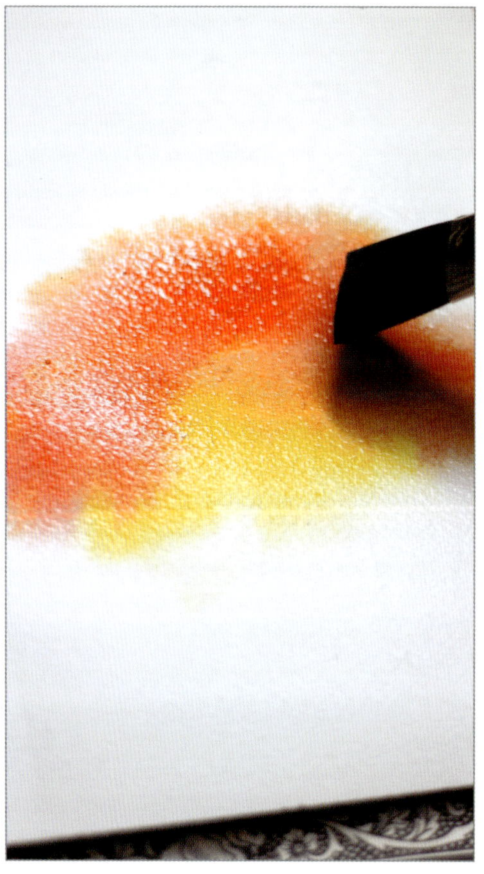

Tragen Sie Wasser auf die oberen zwei Drittel des Papiers auf. Fügen Sie dann einen hochkonzentrierten Bereich mit leuchtend gelber Aquarellfarbe am unteren Ende des nassen Papiers hinzu. Tragen Sie Rot- und Orangetöne über und rund um den gelben Farbbereich auf, sodass die Farben ineinander verlaufen.

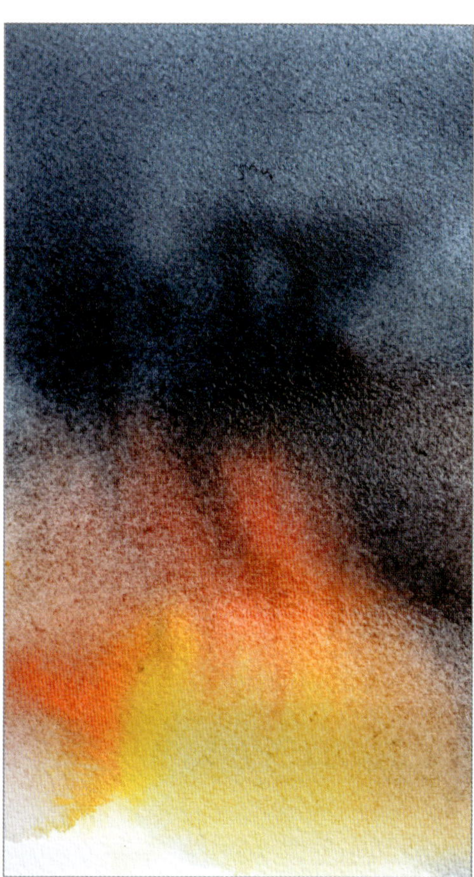

Fügen Sie dunkle Blau-, Schwarz- und Violetttöne auf und über der roten und orangefarbenen Farblage hinzu. Lassen Sie die Farben sanft ineinanderfließen, wobei die rote Farbe erhalten bleibt.

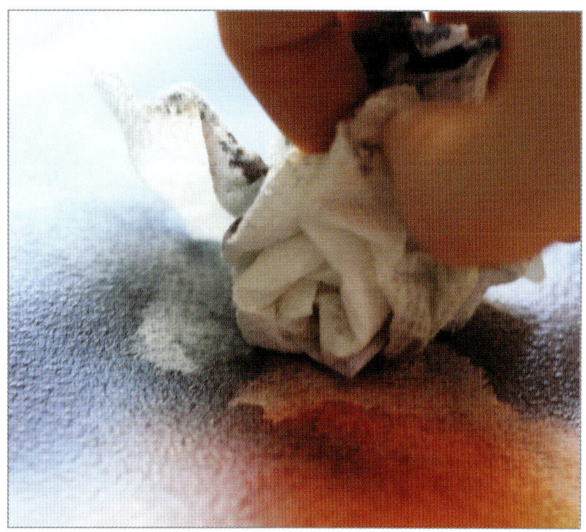

Bevor das Papier ganz getrocknet ist, tupfen Sie etwas von der Farbe mit Küchenpapier ab, um Struktur und Bewegung am Nachthimmel zu erzeugen. Bei Bedarf können Sie verdünnte Farbe in den abgetupften Bereichen auftragen, um wieder etwas Farbe hinzuzufügen.

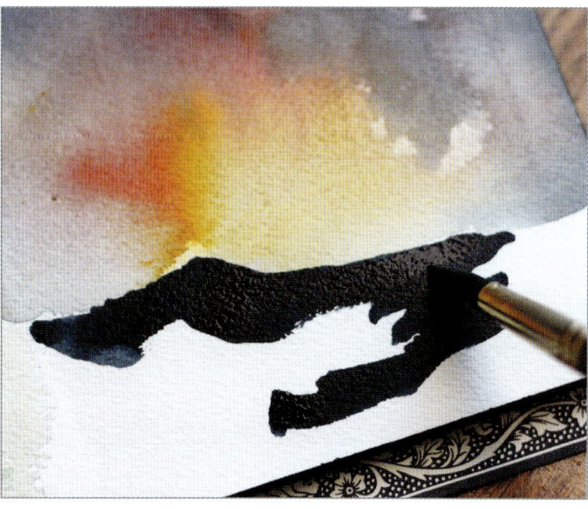

Lassen Sie die Farbe vollständig trocknen. Malen Sie dann den Horizont mit dunkelblauer und schwarzer Farbe.

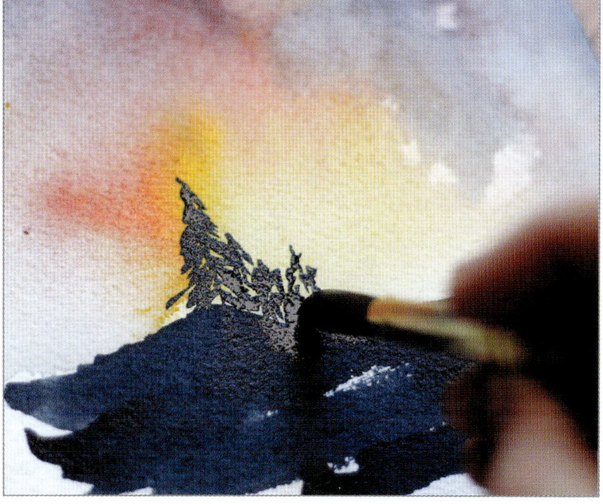

Setzen Sie nun Berge und Bäume vor den farbenprächtigen Himmel.

Achten Sie beim Darstellen der Bäume darauf, dass sie an den äußeren Ästen stärker strukturiert und in der Nähe des Stammes sehr dicht sind. Malen Sie die Bäume in verschiedenen Größen, um den Eindruck von Tiefe zu erzeugen.

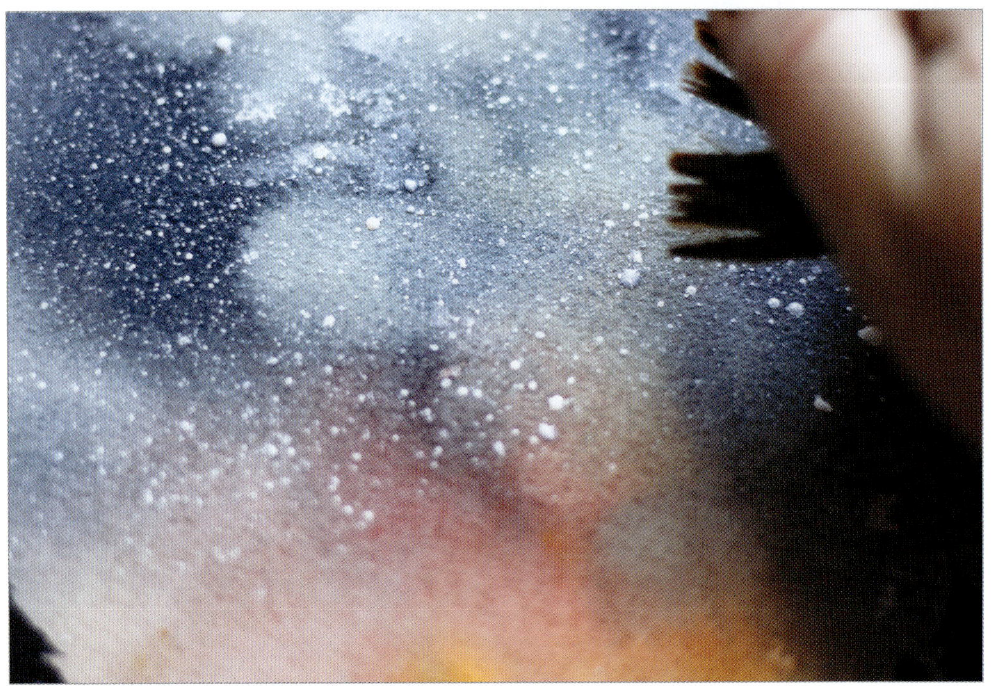

Für die Sterne tauchen Sie einen Flachpinsel oder eine Zahnbürste in weiße Tinte. Klecksen Sie die Tinte mit Ihrem Daumen auf das Papier. Vergessen Sie nicht, die dunklen Bäume mit Papier abzudecken, damit sie unversehrt bleiben!

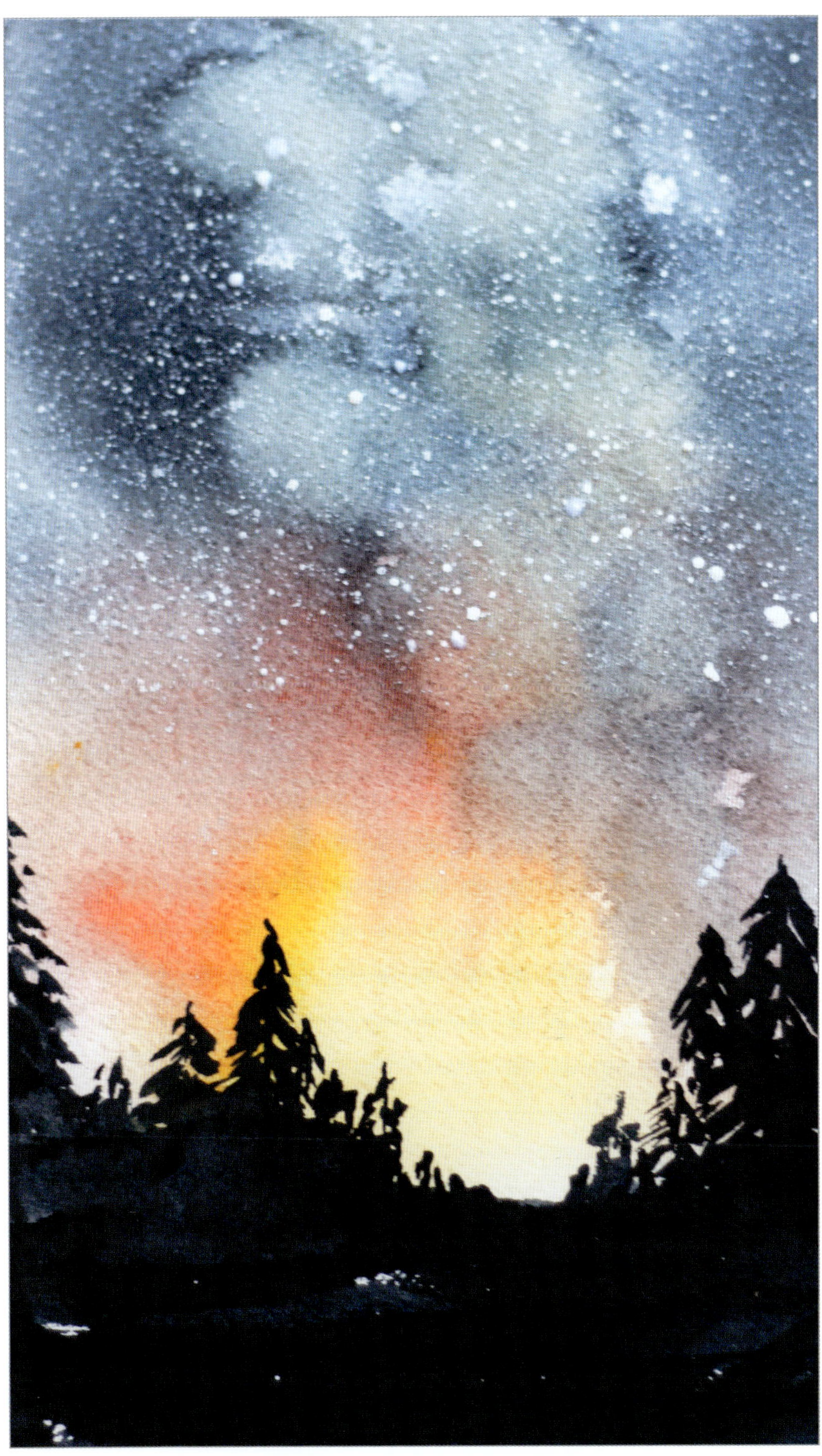

Mit diesen einfachen Schritten und Techniken können Sie traumhafte Sonnenuntergänge in Hülle und Fülle malen. Versuchen Sie sich nun an einer glitzernden Skyline!

LANDSCHAFT

Landschaften können auf verschiedenste Arten gemalt werden und jedes Mal entsteht ein wunderschönes Gemälde – egal ob es detailliert und realistisch oder fließend und abstrakt ist. Mithilfe grundlegender Techniken werden Sie beim Malen die perfekte Balance finden, egal für welchen Stil Sie sich entscheiden.

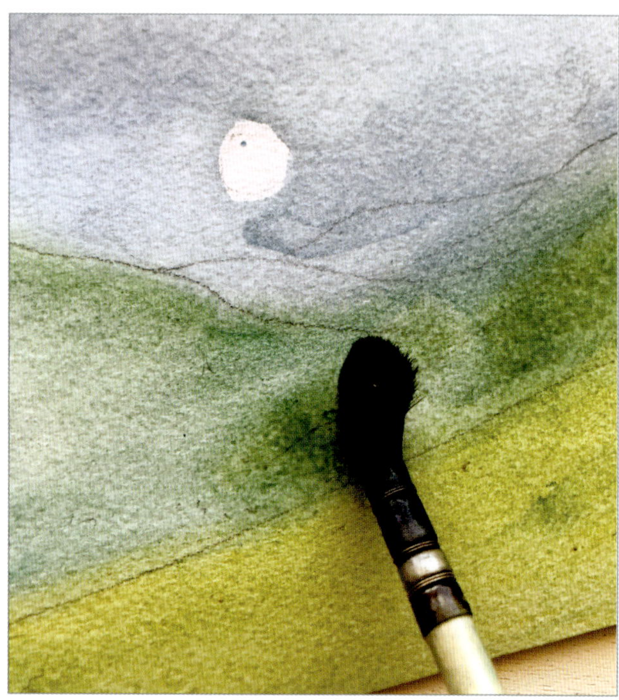

Fertigen Sie zunächst eine leichte Skizze der Szene an. Sie muss nicht dunkel oder genau sein. Sie soll Ihnen nur dabei helfen, Ihre Komposition beizubehalten.

Verwenden Sie eine Lasur für Bereiche wie Berge und Ozeane. Verwenden Sie verschiedene Farben, um Verblendungen und Texturen hinzuzufügen. Lassen Sie diese Bereiche trocknen und überarbeiten Sie sie später nochmals, um Details, Schatten und andere Effekte hinzuzufügen.

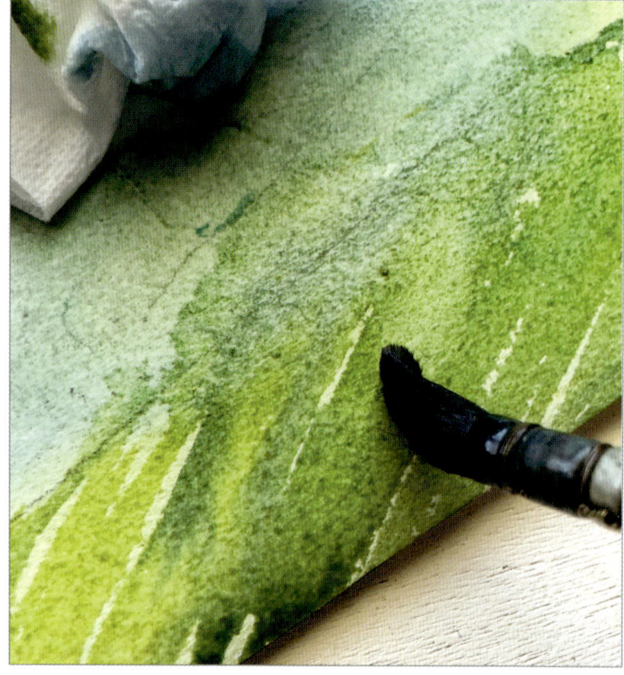

Bei Bereichen wie Gras und Bäumen sollten Sie die Striche ganz hell und voneinander getrennt halten. Der weiße Raum hilft dabei, Zweige, Blätter und Gras abzugrenzen.

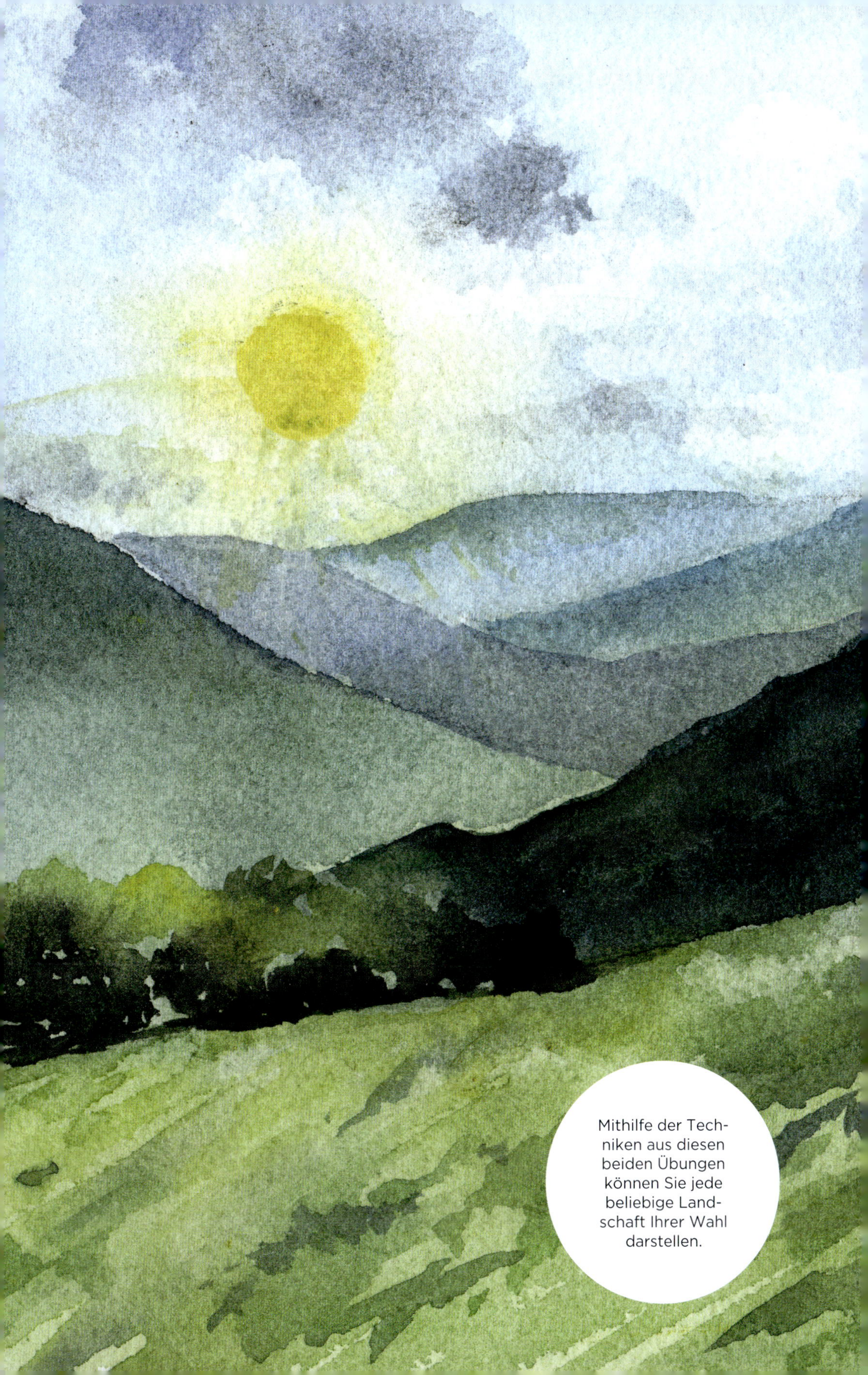

Mithilfe der Techniken aus diesen beiden Übungen können Sie jede beliebige Landschaft Ihrer Wahl darstellen.

MEERESLANDSCHAFT

Die Darstellung von Bewegungen kann eines der schwierigsten Dinge beim Malen sein. Zum Glück übernehmen in der Aquarellmalerei einen Großteil der Arbeit die Farben selbst. Nutzen Sie bei einer Szene oder einem Objekt, die in Bewegung gezeigt werden sollen, die Farbe zu Ihrem Vorteil, indem Sie sie verlaufen und sich frei bewegen lassen.

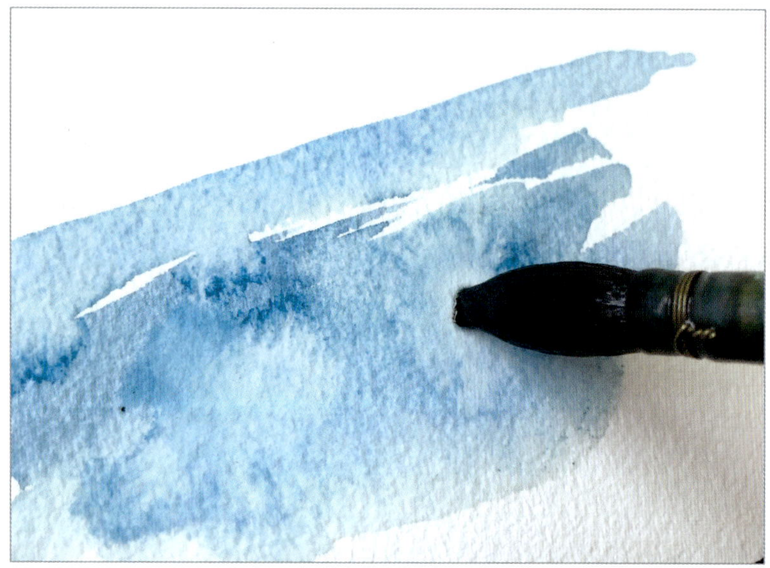

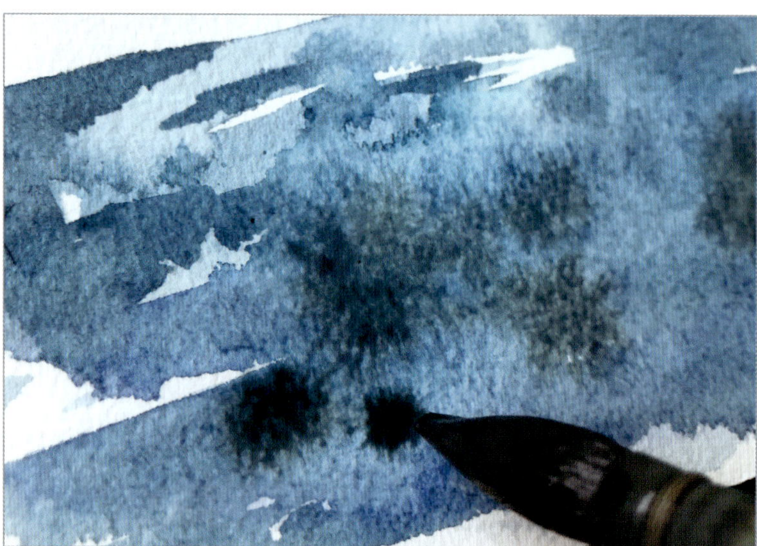

Denken Sie daran, dass die Ränder bei der Aquarellmalerei nach dem Trocknen sehr scharf und hart wirken können. Um dies zu vermeiden, zeichnen Sie die harten Konturen in einem weiteren Arbeitsgang mit einem sauberen, feuchten Pinsel weich.

WERDEN SIE KREATIV:

HIMMEL

Den Himmel zu malen bietet Ihnen die Möglichkeit, ein konkretes Motiv darzustellen und sich zugleich kreativ auszutoben. Je nach Tageszeit kann der Himmel fast jede Farbe haben. Ob Sonnenuntergang, Sonnenaufgang, Gewitterhimmel, Nordlicht – Ihrer Fantasie sind hier so gut wie keine Grenzen gesetzt!

Aufgabe

1. Stellen Sie sich einen Himmel vor, der eine starke Emotion in Ihnen auslöst. Vielleicht das Wunder eines Sternenhimmels? Die Ruhe eines rosa-orangefarbenen Sonnenaufgangs? Die Dramatik blau-grauer Gewitterwolken, die am Horizont aufziehen? Welche Bilder und Gefühle kommen in Ihnen hoch? Nutzen Sie sie, um Ihre Kreativität und Inspiration für Ihr Gemälde zu entfachen.
2. Für einen optimalen Farbverlauf am Himmel malen Sie Nass-in-Nass, damit die Farben schön ineinanderfließen und keine scharfe Linien entstehen. Als Wolken können Sie mit Wassertropfen Ausblühungen erzeugen oder Sie tupfen einzelne Bereiche mit Küchenpapier ab. Manche Wolken haben auch harte Ränder. Für diesen Effekt überarbeiten Sie die Bereiche mit mehr Pigment. Versuchen Sie die Farben in dieselbe Richtung ineinanderfließen zu lassen und fleckige Farbbereiche zu vermeiden.

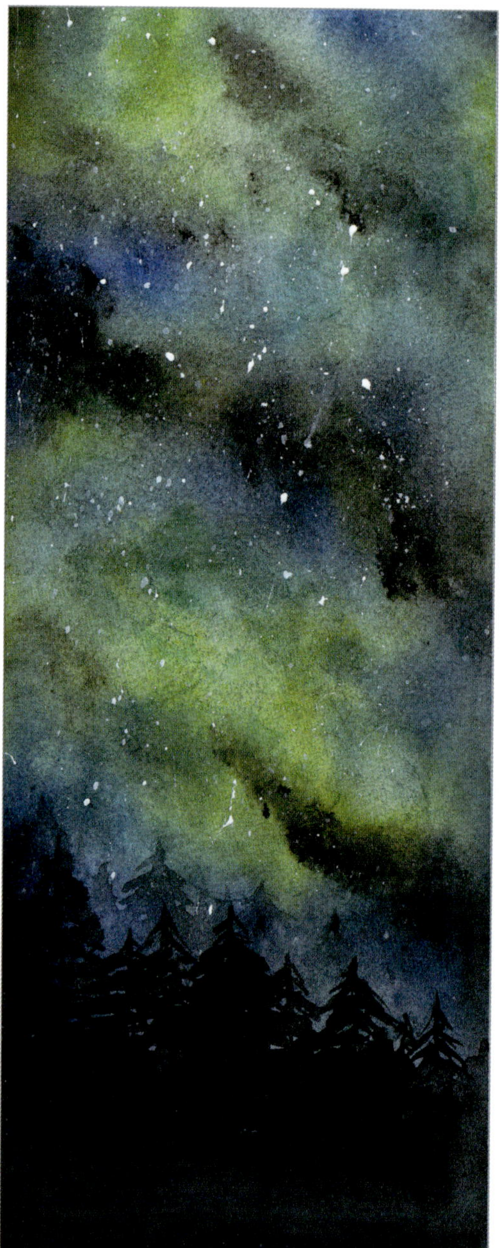

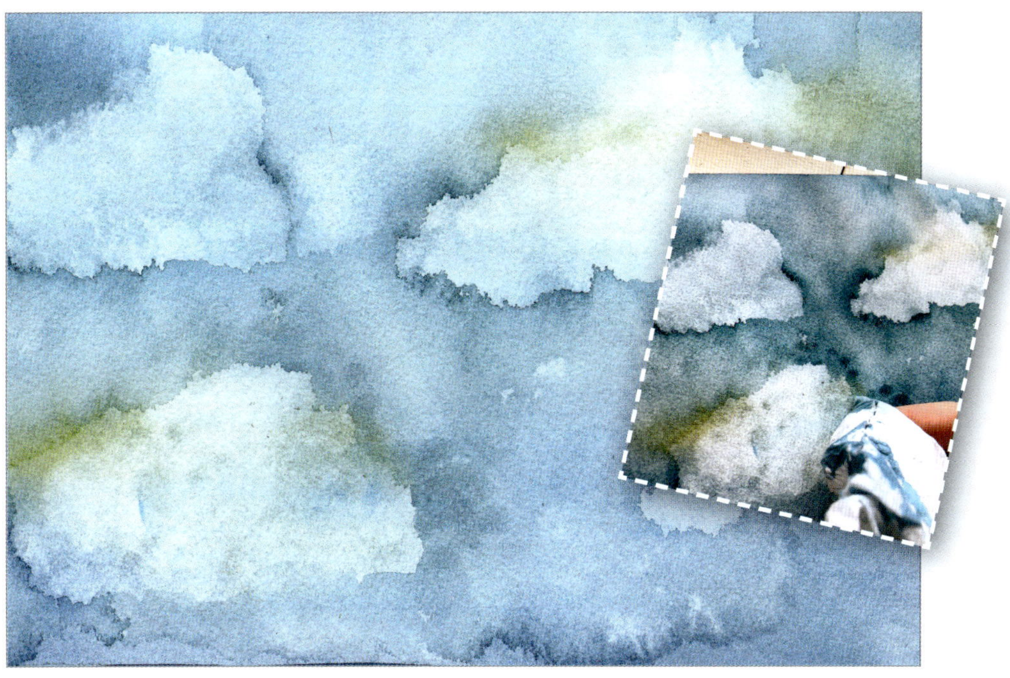

Achten Sie bei der Auswahl der Farben auf die Position der Sonne. Der Bereich am Himmel, der der Sonne am nächsten ist, sieht eher orange, rosa und gelb aus (unten). Mit zunehmender Entfernung von der Sonne wird der Himmel immer violetter und blauer (oben).

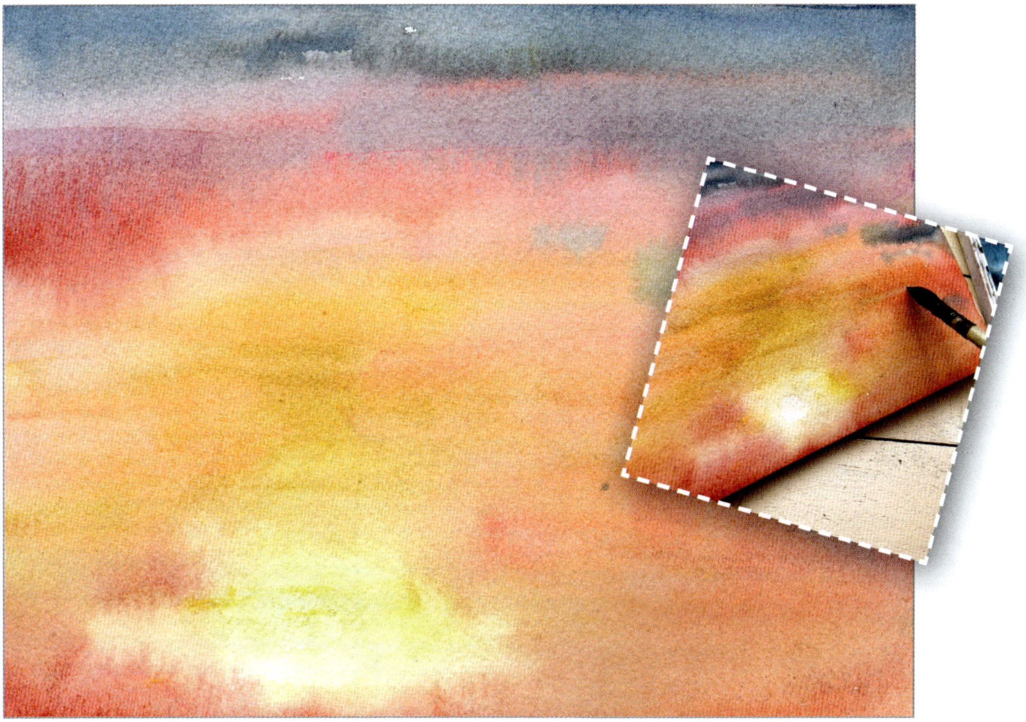

WERDEN SIE KREATIV:

GEBÄUDE

Gebäude können viele Details aufweisen, aber lassen Sie sich davon nicht abschrecken! Gehen Sie Schritt für Schritt vor, um mehrere Lagen für eine räumliche Wirkung zu kreieren.

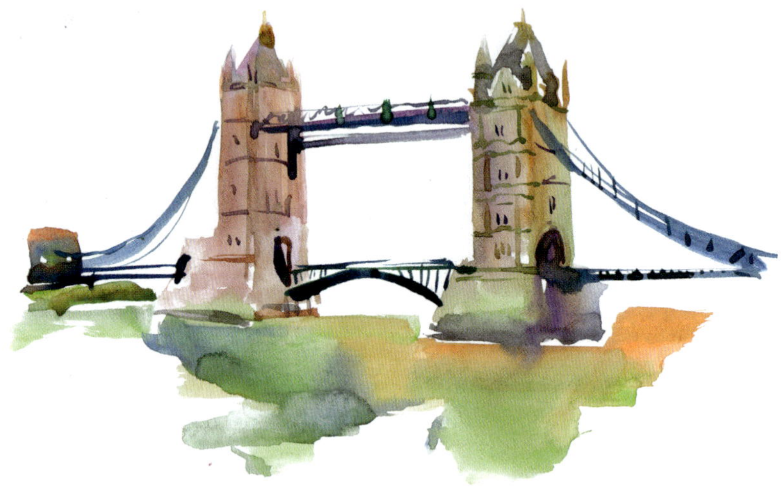

Aufgabe

1. Suchen Sie sich ein Bild von einem Gebäude, das Sie inspiriert. Architektur lässt viel Raum für Interpretation und Kreativität.
2. Ein braunes Gebäude muss nicht unbedingt mit einer gleichförmigen braunen Lasur gemalt werden, es lässt sich auch durch rote und orangefarbene Streifen mit gelben Glanzlichtern darstellen. Die Schatten können auch blau oder sogar violett sein. Lassen Sie Ihrer Kreativität freien Lauf!
3. Lassen Sie die Lasuren und Farbstriche vollständig trocknen, bevor Sie weitere Striche setzen. Auf diese Weise können Sie schichtweise Farben aufeinanderlegen, während die darunterliegenden Farben und Texturen erhalten bleiben.

Verwenden Sie ein Lineal, damit die Linien gerade bleiben. Wenn Sie in einem lockeren, freien Stil arbeiten, können Sie die Linien aber auch freihändig zeichnen. Die unregelmäßigen, leicht schiefen Linien verstärken das organische Gesamtbild.

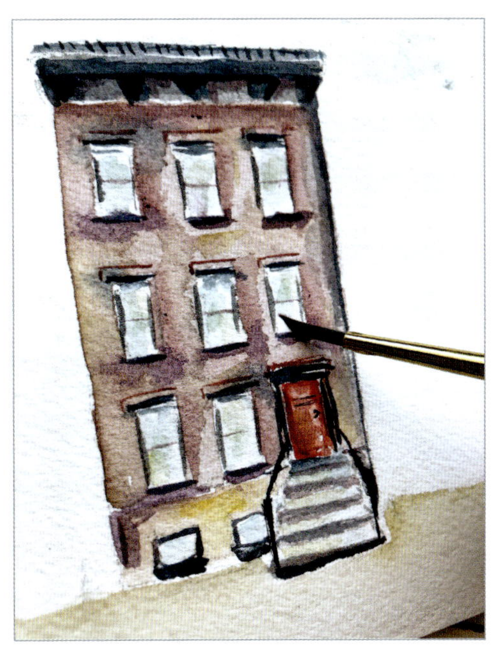

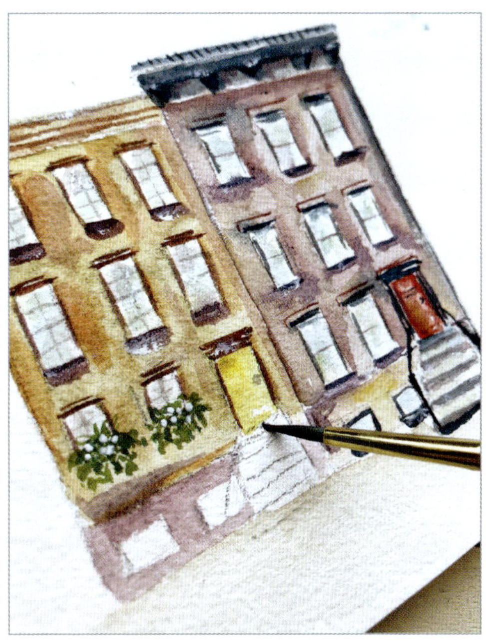

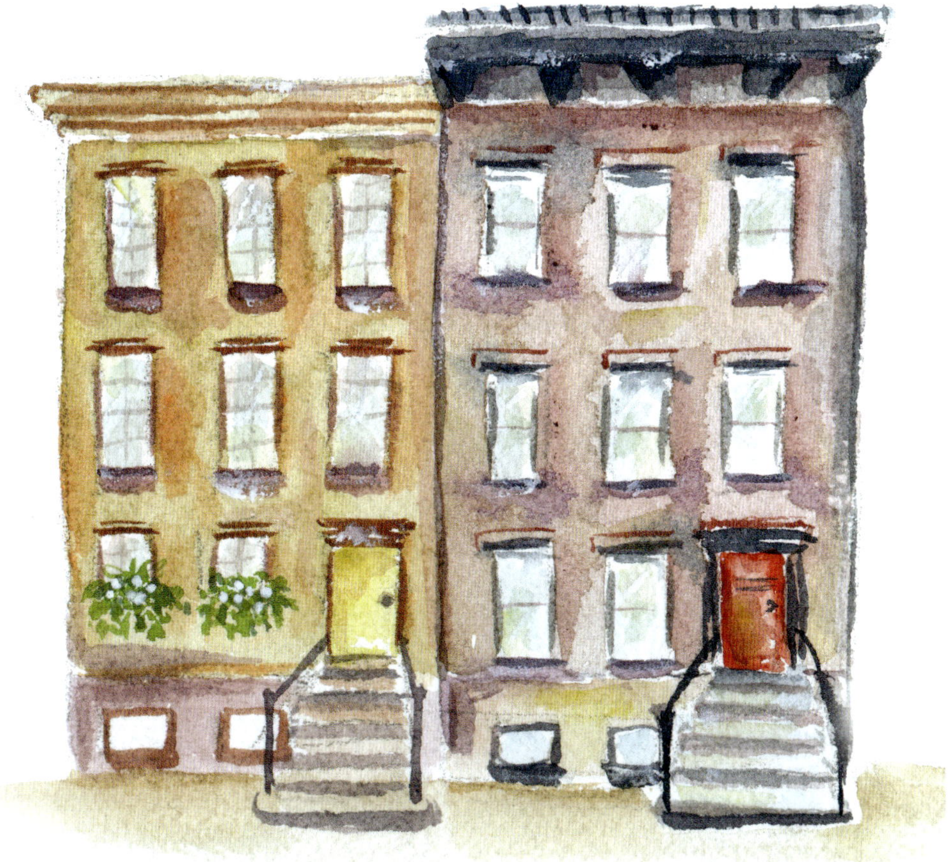

ÜBER DIE AUTORIN

KRISTIN VAN LEUVEN ist eine Aquarellmalerin, die besonders für ihren lockeren Stil und ihre moderne Herangehensweise an die Malerei bekannt ist. Nach einigen Versuchen in verschiedensten Medien wurde die Aquarellmalerei wegen ihrer unvorhersehbaren Natur und Farbverläufe bald zu ihrem Favoriten. Kristin lässt sich gern von der Natur und der wunderschönen Wüste in ihrer Heimat Arizona inspirieren. Nachdem sie sich viele Jahre lang der Malerei gewidmet hatte, begann sie auf Anregung ihrer Familie hin, ihre Werke in den sozialen Medien zu präsentieren. Dort fand sie schnell eine große Fangemeinde, die ihrer Kunst und ihrem Geschäft zum Erfolg verhalf. Sie lebt mit ihrem liebevollen Ehemann und vier wunderbaren Kindern in Arizona. Besuchen Sie www.lovelypeople.bigcartel.com, um mehr von Kristins Kunstwerken zu sehen.